순간의 존재

순간의 존재

초판 1쇄 인쇄 2022년 11월 25일
초판 1쇄 발행 2022년 12월 2일
—
지은이 한상연
펴낸이 이방원
편 집 정조연·김명희·안효희·정우경·송원빈·박은창
디자인 박혜옥·손경화·양혜진 **마케팅** 최성수·김 준·조성규
—
펴낸곳 세창출판사

신고번호 제1990-000013호 주소 03736 서울특별시 서대문구 경기대로 58 경기빌딩 602호
전화 02-723-8660 팩스 02-720-4579 **이메일** edit@sechangpub.co.kr
홈페이지 http://www.sechangpub.co.kr 블로그 blog.naver.com/scpc1992
페이스북 fb.me/Sechangofficial 인스타그램 @sechang_official
—
ISBN 979-11-6684-135-4 93110

이 저서는 2022년도 가천대학교 교내연구비 지원에 의한 결과임.(GCU-202205550001)

This work was supported by the Gachon University research fund of 2022.(GCU-202205550001)

하이데거 너머의 철학

순간의 존재

한상연 지음

Martin Heidegger
Lautréamont
Fyodor Dostoevskij

세창출판사

머리말

존재의 무한하고 다채로운 힘의 흐름으로 퇴행할 결의로서의 존재론

이 책의 내용을 적확하게 이해한 독자라면 필자가 열어 놓은 철학적 사유의 새로움을 직감하고 전율할 것이다. 여기에서 '적확함'이란 단순히 논리적 의미연관을 적절하게 잘 해석했음을 뜻하지 않는다. 그것은 다만 이 글을 통해 제기된 철학적 사유를 새로운 체험적 현실을 생성하는 정신적 감각기관으로서 이해하고 수용할 역량을 가리킬 뿐이다.

유감스럽게도, 필자가 열어 놓은 철학적 사유에 의해 생성될 체험적 현실은 인간 현존재의 존재의 근원적이고도 본래적인 참혹함을 함께 드러낸다. 이 책의 내용을 적확하게 이해한 독자는 그 참혹함을 어떤 부정적인 세계관에 입각한 작위적 해석의 결과로서가 아니라 인간 현존재의 실존론적 상황에 대한 엄밀하고도 냉정한 기술 및 성찰에 의해 밝히 드러난 존재론적 진실로서 받아들이게 될 것이다. 필자가 예고한 독자의 전율이란 독자에게 존재론적 선택과 결의를 요구하는 하나의 기로이기도 하다. 독자는 존재의 진실로서의 참혹함을 추상적 이념의 세계로 곧잘 달아나는 지성의 힘에 기대어 왜곡하거나 순화하는 편을 택할 수 있다. 그러나 존재의 진실로서의 참혹함을 순연히 그 자체로서 긍정하고 받아들이는 편을 택할 수도 있다. 어떤 선택이 바람직하고 또 올바른 것인지 등에 관한 판단은 각자 알아서 내려야 한다. 필자는 전자보다 후자가 바람직하다고 본다. 진실을 직시하지 못하는 정신은 약하고 비겁한 정신이고, 우리의 정신의 약함과 비겁함은 그 자체로서 삶의 참혹함을 늘리는 원인이기 때문이다.

베르그송은 자신의 주저 『물질과 기억』에서 물체란 존재의 근원적으로 연속적이고 무한히 다채로운 힘의 흐름으로부터 인간의 삶을 위해 불필요한 것들이 감각되지 않을 것으로서 부단히 배제되고 사상捨象되어 주어지게 된 것임을 역설한 바 있다. 그 바탕에는 일종의 진화론적인 관점이 깔려 있다. 베르그송에 따르면, 각각의 생명체가 지니는 감각기관들은 각각의 생명체의 삶을 보존하는 데 특화된 방식으로 이루어진 진화의 산물이다. 예컨대, 박쥐의 청각기관이 초음파를 들을 수 있게끔 진화된 것은 초음파를 지각하는 것이 박쥐의 삶을 위해 필요하기 때문이다. 하지만 인간이 사는 데 초음파의 지각은 불필요하다. 그 때문에 인간의 청각기관은 초음파를 듣지 못하게끔 하는 방향으로 진화되었다. 즉 초음파가 인간의 신체적 활동의 장에서 감각되지 않을 것으로서 배제되고 사상된 까닭은 초음파를 지각하지 않는 것이 지각하는 것보다 인간의 삶을 보존하고 증진하는 데 유리하기 때문이다. 존재의 근원적으로 연속적이고 무한히 다채로운 힘의 흐름으로부터 자신의 삶을 살아가는 데 필요한 것만 취사선택하지 않으면 생명체는 자신을 위해 유용한 것이나 해로운 것을 구분할 수 없을 것이다. 바로 이러한 이유로 생명체는 생명을 보존하고 증진해 나가는 데 특화된 감각기관이 생성되게끔 하는 방향으로, 삶을 위해 필요한 것만 감각하고 나머지는 비존재의 영역 속으로 사라져 버리게끔 하는 방향으로 진화해 나간다.

이러한 관점에서 보면, 우리가 발견하는 세계는 결코 객관적인 것이거나 객체적인 것일 수 없다. 세계는 삶을 향한 우리의 욕망과 의지에 적합하게끔 단순화되고 구조화된 감각 요소들을 원료로 삼아 형성된 조형물일 뿐이다. 우리의 몸은 존재로부터 연원하는 본래적으로 연속적이고 무한히 다채로운 힘들의 흐름으로부터 우리의 삶을 위해 감각할 필요가 있는 것만 추려 낸 뒤, 우리에게 개별적 사물들로 현상하는 감각적 이미지의 응집체들을, 그리고 그것들이 맺고 있는 공간적 관계의 총체성으로서의 세계를, 구성해 낸다.

같은 이야기를 우리의 정신에 대해서도 할 수 있다. 우리의 정신은 우리에게 세계의 객관적 진실 같은 것을 보여 주지 않는다. 우리의 정신은 유사 이래로 우리의 삶을 보존하고 또 증진하는 데 필요한 것들을 추려 내는 방식으로 작동해 왔다.

7

그 때문에 우리가 통념적 의미로 진리라고 부르는 것은 세계에 대한 객관적 진술 같은 것일 수 없다. 진리란 실은 우리가 우리의 삶을 위해 필요로 하는 것으로서 발견된 것이다. 진리를 향한 우리의 의지는 존재의 근원적으로 연속적이고 무한히 다채로운 힘의 흐름을 삶을 위해 유용한 고정관념들의 체계로 환원해 버리고자 하는 의지 외에 다른 아무것도 아니다.

물론 누구도 자의적으로 진리를 만들어 낼 수 없다. 그것은 붉은색이 감각적인 것으로서 본래 사물의 객관적 속성 같은 것이 아님에도 불구하고 우리의 의지에 의해 제멋대로 생성되거나 변형될 수 없는 것과 마찬가지이다. 베르그송이 옳다면, 우리가 붉음을 지각하는 것은 붉음의 감각을 발견하고 이해하는 것이 우리의 삶을 위해 필요하기 때문이다. 그러나 그 필요성은 우리의 정신에 의해 만들어지는 것도 아니고, 붉음의 감각 역시 우리의 정신이 원하는 바에 따라 생기거나 말거나 하는 것이 아니다. 역설적으로 표현하자면, 우리의 정신이 몸으로 사는 것이 아니라, 실은 우리의 몸이 정신으로 사는 것이다. 우리가 살면서 만나는 모든 것은, 이런저런 사물들이나 그 공간적 관계의 총체성으로서의 세계뿐 아니라 심지어 우리의 몸과 마음까지도, 그 근원에서는 우리의 정신에 의해서 생성되는 것도 아니고, 우리의 정신에 의해 삶을 위해 필요한 것으로서 새삼 발견되는 것도 아니다. 정신에게 모든 것은, 적어도 그 근원에서는, 언제나 이미 마련된 것으로서 주어져 있다. 정신이란 본래 생성의 주체가 아니라 그저 약간의 자유를 부여받은, 혹은 스스로 자신의 자유를 부단히 발견하게끔 운명 지어져 있는, 일종의 어릿광대일 뿐이다. 어릿광대가 어릿광대로서 존재하도록 하는 무대는 어릿광대의 욕망이나 의지에 선행하는 것으로서 이미 주어져 있다. 어릿광대로서의 존재를 가능하게 하는 무대가 존재론적으로 미리 주어져 있지 않으면, 그 누구도 어릿광대로서 존재할 수 없다는 뜻이다.

'존재론적'이라는 표현에 주목해 주기 바란다. 아마 누군가는 '어릿광대로 존재하려면 그 가능 근거로서의 무대가 미리 주어져 있어야 한다'라는 주장을 일종의 숙명론적인 것으로 받아들일지도 모르겠다. 하지만 그것은 인간 현존재란 구체적 상황 속에서만 실존할 수 있다는 것, 그리고 그 때문에 하나의 세계를 자신의 존재의 가능 근거로서, 언제나 이미 마련되어 있는 것으로서 가질 수밖에 없다는 것에 대한 수사적 표현일 뿐이다. 인간 현존재에게 자유란 환상에 불과한 것인가, 아니면 절대적이고 양도 불가능한 것으로서 주어져 있는 것인가? 알 게 무언가! 이런 물음은 밑도 끝도 없는 논란만 부추길 뿐, 우리 자신의 삶과 존재의 진실을 이해하는 데 아무 도움도 되지 않는다. 다만 한 가지 존재론적으로 분명한 것은 현존재란 본래 자신에게 주어진 구체적 상황 속에서의 자유를 부단히 의식하며 실존하는 존재자라는 것이다. 현존재가

의식하는 그 자유가 망념에 불과한지 아닌지 묻는 것은 존재론과 아무 상관도 없다. 어릿광대가 이미 마련된 무대 위에서 다소간 즉흥적으로 연극을 하듯이, 현존재 역시 언제나 이미 주어진 것으로서의 세계 위에서 다소간 즉흥적으로 이런저런 미래를 열어 가며 자유롭게 존재하기 놀이를 즐길 뿐이다.

⬥

필자는 이 책에서 베르그송에 관한 이야기를 하지는 않을 것이다. 이 책은 기본적으로 하이데거에 관한 것이다. 하이데거는 이전의 그 어떤 철학자에게서도 발견할 수 없는 새로운 철학적 사유를 창안한 사상가이다. 그 때문에 필자가 이 책이 담고 있는 철학적 사유의 새로움에 관해서 했던 것과 똑같은 말을 하이데거적 사유의 새로움에 관해서도 할 수 있다. 하이데거의 철학은 그것을 적확하게 이해한 독자에게 새로운 체험적 현실을 생성하는 정신적 감각기관과도 같이 작용한다.

베르그송은, 마치 감각기관이 우리에게 객관적으로 세계를 전해 줄 것으로서가 아니라 우리의 삶을 위해 적합한 것으로 이미지화하고 구성해 낼 것으로서 작용하는 것과 마찬가지로, 사유란 본래 객관적이고 보편타당한 진리를 추구할 것으로서가 아니라 우리의 삶을 위해 적합한 의미들의 세계를 정교하게 추상화하고 구성해 낼 것으로서 작용하는 것임을 밝힌 철학자이다. 하이데거는 이러한 사유의 실제적인 작용 연관을 구체적으로 발견하고 또 생생하게 체험하도록 할 가능성을 제시한 철학자이다. 거칠게 말해, 베르그송은 철학적 사유란 체험적 현실을 생성하는 정신적 감각기관과 같다는 것을 밝혔을 뿐, 철학적 사유에 의해 생성된 체험적 현실 자체를 생성해 내지는 못했다. 반면 하이데거는 특유의 존재론적 사유를 통해 새로운 체험적 현실을 생성해 내었다. 친숙한 일상세계 안으로 빠져들어 가는 현존재의 존재의 운동, 죽음의 선구성, 실존의 근본 기조로서의 불안, 현존재의 존재로서의 시간성 등에 대한 언명들은 모두 하이데거의 존재론적 사유에 의해 생성된 생생하고 새로운 체험적 현실에 속한다.

　철학적 사유에 의해 새로운 체험적 현실이 생성된다는 말이 철학이란 진리 및 진실과 본래 무관한 것이라는 뜻으로 오인되지 않기를 바란다. 우리가 사물에게서 발견하는 색깔, 모양, 딱딱함, 부드러움, 뜨거움, 차가움 등은 모두 감각적인 것으로서 감각기관에 의한 어떤 변용의 과정을 통해 생성된 것이다. 물론 감각기관에 의한 변용의 과정을 통해 생성된 것은 객관적인 것으로 간주될 수 없다. 그것은 주관적인 것도 아니고, 객관적인 것도 아니며, 심지어 주관과 객관의 통일성에 의해 규정될 수 있는 것도 아니다. 주관과 객관의 통일성이란 암묵적으로 주관적인 것이 주관적인 것으로서, 그리고 객관적인 것이 객관적인 것으로서, 각각 독립적으로 존재함을 전제한다. 하지만, 앞에서 밝혔듯이, 소위 주관성의 가능 근거인 정신이란 실체적인 것이 아니라 언제나 이미 마련된 것으로서 주어져 있는 무대 위의 어릿광대 같은 존재일 뿐이다. 게다가 정신이 만날 수 있는 모든 것은 객관적이거나 객체적인 것이 아니라 그 자체로 이미 감각기관에 의한 변용의 과정 속에서 생성된 감각적 이미지일 뿐이다. 물론 우리가 세계라는 말로 부르는 것은 감각적 이미지만으로 설명될 수 없다. 그러나 우리가 보통 사물이라는 말로 부르는 감각적 이미지들의 응집체와 무관하게 발견될 수 있는 것으로서 비감각적인 것은, 적어도 실제적인 것으로서는 존재할 수 없다.

어떻게 하이데거는 특유의 존재론적 사유를 통해 새로운 체험적 현실을 생성해 낼 수 있었을까? 왜 하이데거의 존재론은 이전의 사유와 달리 그토록 특별한가? 하이데거의 존재론이 본래적으로 퇴행적인 사유이기 때문이다. '퇴행적'이라는 말이 하이데거에 대한 비판적 관점을 담고 있다고 생각할 필요는 없다. 실은 그 반대이다. 하이데거처럼 존재의 진실을 밝히기를 원하는 자에게, 존재의 진실의 현상적 드러남이란 현상적인 것으로 환원될 수 없는 존재의 진실이 감추어짐과 같다는 존재론적 역설의 의미에 눈을 뜬 자에게, 고차원적인 존재를 향해 전진하기만 하는 사유는 별로 달갑지 않다. 고차원적인 존재를 향한 사유의 전진이란 본래 고차원적인 존재에 속한 것으로서 간주될 수 없는 모든 것이 무가치하거나 심지어 해로운 것으로서, 우연적인 것으로서, 환영에 불과한 것으로서, 비존재에 속하는 것으로서 배제되고 사상되어 버리는 과정일 뿐이기 때문이다. 하이데거가 존재에 대한 폭력적 사유로서 비판한 형이상학이 바로 이와 같은 것이다. 고차원적인 존재를 향해 전진하기를 원하는 정신에 의해, 무상하고 우연적인 것의 배후에 숨은 어떤 실체적인 존재의 진실을 추구하려는 의지에 의해, 존재하는 모든 것이 존재자로서의 성격을 부정당한다. 그러나 소위 고차원적이고 실체적인 존재란 개별화된 삶을 보존하고 또 증진하고자 하는 욕망과 의지에 의해 삶을 위해 필요한 것으로서 선택되고 긍정된, 존재로부터 발견될 수 있는 본래적으로 무한한 의미들 가운데 선택된 지극히 적은 수의 편린들로 만들어진, 작위적 구성체일 뿐이다. 그런 점에서, 고차원적인 존재를 향한 전통 철학적 사유의 관점에서 보면 퇴행적인 것으로 규정될 하이데거의 존재론적 사유야말로 실은 존재의 진실을 온전하게 발견하도록 할 최고도로 고차원적인 사유이다.

❧

하지만 유감스럽게도 하이데거는 철학사에서 그 유례를 찾을 수 없을 정도로 기만적이고 위선적인 철학자이기도 하다. 자신의 존재론을 통해 새로운 체험적 현실이 생성되도록 했음에도 불구하고 하이데거는 그 체험적 현실을 통해 밝히 드러나는 존재의 진실을 직시하기를 거부했다. 참고로, 필자는 하이데거가 한시적으로나마 나치즘에 동조하게 된 근본 이유가 바로 이것이라고 생각한다. 이 점에 대한 이야기도 간략하게나마 이 책에 담겨 있다.

하이데거는 인간 현존재의 자기를 일상적이고 비본래적인 것과 본래적인 것으로 나눈다. 잘 알려져 있는 것처럼, 후자는 죽음의 선구성 및 실존의 근본 기조로서의 불안에 의해 일깨워지는 것이다. 하이데거에 따르면, 현존재는 일상적 자기의 근원적 비본래성을 각성하도록 하는 죽음 앞에서의 불안 때문에 도리어 더욱더 강하게 친숙한 일상세계 안으로 달아나려는 경향을 보인다. 한마디로, 일상세계란 하이데거에게 죽음으로부터의 도피처일 뿐이다. 하지만 하이데거의 존재론이 태동하고 성장해 나간 시기는 바로 제1차 세계대전과 제2차 세계대전 사이가 아니었던가? 그는 죽음이 일상화되던 시기를, 일상세계가 죽음으로부터의 도피처이기는커녕 도리어 거대한 무덤-세계로 화할 가능성이 언제나 이미 임박한 것으로서 주어져 있던 때를, 살지 않았던가? 그럼에도 하이데거는 왜 일상세계를 죽음으로부터의 도피처로만 이해하려 했을까? 인간 현존재의 실존으로부터 유래하는 삶의 참혹함을 존재의 본래적이고도 근원적인 진실로서 발견하고 직시하기를 거부했기 때문이다. 그 방증의 하나를 우리는 규범에 대한 하이데거의 무관심에서 찾을 수 있다.

일상세계는 언제나 이미 규범화된 세계이며, 이는 일상세계 안에서 삶을 꾸려 가는 인간 현존재란 규범적 의미연관의 체계에 다소간 종속된 정신으로 실존하기 마련이라는 것을 뜻한다. 규범과 윤리에 대한 전통 철학적인 사유는 보통 저차원적인 육체적 욕망의 속박으로부터 벗어나 고차원적인 존재가 되어 갈 인간의 가능성을 긍정하는 것에서 출발한다. 물론 하이데거의 ―결코 부정적인 의미로 한정되어서는 안 되는― 퇴행적 사유는 전통 철학적인 방식을 택할 수 없다. 존재론적으로 규범이란, 현존재와 공동 현존재 사이의 함께-있음이 서로에 대한 폭력의 행사를 통해 부정적으로 되어 감을 막아 준다는 의미에서, 삶을 위해 유용한 일종의 도구이다. 그러나 규범은 다른 도구들과는 다른 매우 특별한 점을 하나 지니고 있다. 규범의 도구성은 규범이 삶을 향한 일종의 위협과 경고로서 작용한다는 점에서 기인한다는 것이 그것이다.

규범이 금하는 것은 대체 무엇인가? 간단히 말해, 현존재가, 한시적으로나 항구적으로나, 본래 기꺼이, 쾌락이나 행복을 얻기 위해, 하려고 하는 것이다. 규범에 의해 현존재는 두 가지 진실에 눈을 뜨게 된다. 하나는 자신이 언제나 이미 규범화된 일상세계 안의 존재자이기도 하고, 밖의 존재자이기도 하다는 진실이다. 언제나 이미 규범화된 의식을 지닌 채 늘 규범에 어긋나는 행동을 하는 일이 없도록 스스로 조심한다는 점에서 현존재는 언제나 이미 규범화된 일상세계 안의 존재자이다. 그러나 규범의 근원적 가능 근거는 현존재의 존재 자체이다. 현존재란 규범이 금하는 바를 행할 수 있는 가능성의 존재자라는 것이, 규범에 의해 지금의 자기를 부정하고 보다 고차원적인 자기가 되어 가도록 몰아세워지기는 하지만 실은 순연하게 자연적이고 육체적인 존재자가 되기를 지향할 가능성 또한 언제나 이미 자기의 것으로서 지니고 있는 존재자라는 것이, 규범의 존재를 통해 밝히 드러나는 것이다. 또 다른 하나는 일상세계란 단순한 죽음의 도피처가 아니라 실은 일종의 무덤-세계라는 진실, 규범으로 인해 규범이 금하는 바를 행할 가능성의 존재로서의 현존재가 그로 인해 죽임을 당할 가능성이 언제나 이미 임박한 것으로서 일상화된 세계라는 진실이다.

하이데거의 주저 『존재와 시간』은 일상세계를 죽음으로부터의 도피처로 규정함으로써 하이데거의 존재론이 존재론으로서 온전해지는 데 실패했음을 알린다. 그는 자신의 존재론이 본래적으로 퇴행적이라는 것을, 존재에 대한 온전한 사유는 오직 존재론의 퇴행적 사유의 과정을 거친 뒤에만 가능하다는 것을, 올바로 직시하지 못했다. 그 때문에 그는 자신의 퇴행적 사유가 열어 놓은 가능성, 즉 참혹함으로서의 존재의 진실을 존재론적으로 밝히 드러낼 가능성을 실현할 수 없었다.

필자에게 존재에 대한 온전한 사유란 오직 퇴행적 사유의 과정을 거친 뒤에만 가능하다는 것을 가장 먼저 알린 이는 도스토옙스키다. 『백치』의 주인공 미시킨, 『죄와 벌』의 주인공 라스콜니코프 등은 고차원적인 존재를 향한 상승의 운동을 통해 정신이 자신의 삶의 영역 밖으로 배제하고 사상해 버린 체험적 현실이야말로 존재에 대한 온전한 사유를 가능하게 하는 그 근원적 근거라는 것을 밝히 드러낸다. 도스토옙스키의 작품들은 대개 우리로 하여금 인간 이하의 존재로, 짐승으로, 퇴행하도록 하는 사유를 고차원적인 존재를 향한 규범적·윤리적 사유와 단순히 적대적이고 대립적인 것으로서 낙인찍기를 거부하고 도리어 인간의 인간으로서의 품격과 아름다움을 긍정하게 할 그 근원적 근거로서, 참된 윤리성을 실현하도록 할 유일무이한 가능 근거로서, 해명하려는 결의의 소산들이다. 두 번째는 이 책에서 집중적으로 다룰 작품인 『말도로르의 노래』의 저자 로트레아몽(이라는 필명의 이지도르 뒤카스)이다. 이 책에서는 도스토옙스키의 『죄와 벌』에 대한 존재론적 해석이 『말도로르의 노래』에 대한 존재론적 해석으로 나아가도록 하는 일종의 가교 역할을 하게 될 것이다. 그러나 그 까닭은 도스토옙스키의 퇴행적 사유가 로트레아몽의 퇴행적 사유보다 덜 급진적이거나 덜 철저하기 때문은 아니다. 필자가 『말도로르의 노래』의 노래에 특히 주목하는 까닭은 그 안에 고차원적인 존재를 향한 상승의 운동이 최대한 배제되어 있다는 점, 그리고 그렇기에 도스토옙스키나 로트레아몽 같은 작가의 퇴행적 사유가 지닌 존재론적 의미가 매우 분명하고 순수하게 드러나 있다는 점 등 때문이다. 도스토옙스키의 퇴행적 사유, 혹은, 보다 정확히 말해, 인간 현존재의 본래적이고 근원적인 퇴행적 사유를 인간의 인간으로서의 품격과 아름다움을 긍정하게 그 근원적 근거로서 수용하려는 도스토옙스키 특유의 결의 등에 관한 존재론적 해명은 아마 말도로르의 순수하게 퇴행적인 사유에 대한 존재론적 해명이 이루어진 이후에야 가능할 것이다.

❧

베르그송이 옳다면, 존재의 근원적으로 무한하고 다채로운 힘의 흐름은 오직 퇴행적 사유를 통해서만 발견되는 셈이다. 존재론이 반드시 퇴행적 사유의 과정을 거쳐야만 하는 까닭이 바로 이것이다. 고차원적인 존재를 향한 사유의 운동이 삶의 보존과 증진을 위해 애써 배제하고 사상해 온 모든 존재의 힘을 다시 되살린다는 점에서, 퇴행적 사유가 열어 놓을 체험적 현실은 본래적으로 참혹하다. 그 안에서는 안온한 일상을 가능하게 하는 모든 것이 작위적으로 구성된 환영으로서 스러져 버리기 때문이다. 그러나 그 참혹함을 견딜 수 있는 정신만이 존재론적으로 온전히 사유할 수 있다. 필자는 선을 추구하거나 반대로 악을 추구할 목적으로 사유하지 않는다. 필자는 다만, 필자의 한계 안에서, 최대한 존재론적으로 온전히 사유하기를 원할 뿐이다.

차 례

1장 | 서론: 하이데거의 존재론적 사유가 『말도로르의 노래』를 불러야 하는 이유

하이데거의 사상 위에는 편견이라는 이름의 설탕이 잔뜩 뿌려져 있다

하이데거의 사상은 독을 담고 있다

규범과 윤리는 존재론적으로 일종의 폭력이다

우리는 지극한 선을 지극한 악으로, 반대로 지극한 악을 지극한 선으로 드러내는 사유의 늪을 통과해야 한다

하이데거의 사상 위에는 편견이라는 이름의 설탕이 잔뜩 뿌려져 있다

하이데거는, 좋은 의미로든 나쁜 의미로든, 20세기 최대의 철학자로 통한다. 하이데거가 좋은 의미로 20세기 최대의 철학자로 통하는 까닭은 그가 특유의 존재론을 통해 전통 철학과 매우 다른 방식으로 사유할 가능성을 열어 놓았기 때문이다. 하지만 불행하게도 하이데거는 잠시나마 나치에게 부역한 잘못을 범했다. 그 때문에 그의 철학이 나치즘과 모종의 연관성을 지니고 있을지 모른다고 의심하는 이들이 적지 않다.

물론 설령 하이데거의 철학이 나쁜 것이라고 해도 하이데거가 20세기 최대의 철학자라는 점이 바뀌지는 않는다. 실로 헤아리기 어려울 정도로 많은 수의 사상가들이 하이데거의 영향을 받았기 때문이다. 하이데거의 철학을 잘 연구하지 않으면 하이데거의 철학이 남겼을지 모를 좋지 못한 사상적 유산이 무엇인지 알 수 없고, 그 한계를 극복할 가능성도 찾을 수 없다. 그러니 독자들 가운데 하이데거의 철학이 나쁜 것일지 모른다고 의심하는 이가 있다면 조금 인내심을 발휘해 주기 바란다. 실은 이런 사람이야말로 하이데거의 철학을 면밀하게 공부해야 한다. 나쁜 사상은 세상에 나쁜 영향을 끼치기 마련이다. 이데올로기적 투쟁으로 점철된 근현대의 역사가 잘 알려 주는 것처럼, 무수한 인간들이 나쁜 사상으로 인해 비참하고 고통스럽게 죽어 가게 될 수도 있다. 실로 인간의 세상에서는 칼이나 총보다 사상이 훨씬 위력적인 것이다. 그러니 하이데거의 철학이 나쁜 것이라고 생각하는 사람은 책임감을 가져야 한다. 하이데거의 철학이 왜 나쁜지, 그것이 세상을 망치지 않게 하려면 무엇을 어떻게 해야 하는지 진지하게 고민해야 한다.

필자는 하이데거의 철학이 좋은 것인지 나쁜 것인지, 되도록 판단하지 않으려 한다. 선입견을 지니면 하이데거의 철학을 냉철하게 이해하는 데 방해가 될 것이기 때문이다. 필자는 다만 하이데거 철학의 의의와 한계를, 장점과 단점을, 있는 그대로 드러내려 할 뿐이다. 필자가 지향하는 것은 하이데거가 현사실성이라는 말로 지칭한 바로 그것을 최대한 가치중립적으로 기술하는 것이다.

아마 현대 철학에 익숙한 독자라면 '가치중립적'이라는 표현을 문제 삼을지도 모르겠다. 예컨대, 하이데거의 제자 가운데 가장 유명한 인물이라고 할 수 있는 가다머는 이해를 가능하게 하는 것이 바로 선입견임을 역설한다. 텍스트에 대한 객관적이거나 가치중립적인 이해란 원래 불가능한 이상에 불과하다는 뜻이다. 필자 역시 가다머의 생각에 대체로 동의한다. 실은 인간에게 왜 객관적이거나 가치중립적인 이해가 허용되지 않는지 길게 설명할 필요도 없다. 인간은 본래 시간적이고 역사적인 존재자이며, 그 때문에 인간의 이해 역시 자신이 처한 역사적 상황과 무관할 수 없다.

'1+1=2'라는 수학적 진실이나 이런저런 자연과학적 법칙들은 초역사적이고 가치중립적이라는 식의 주장은 철부지 어린이의 잠꼬대만큼이나 순진하고 터무니없다. 그렇게 믿고 싶거든 계속 그렇게 믿으라. 구체적인 삶의 맥락으로부터 유리된 소위 학문적 진술들을 늘어놓으며 자신이 평범한 사람들과 달리 공평무사한 진리의 사도라고 믿는 자만큼 역겨운 속물도 찾기 어렵다. 이러한 자는 다만 구체적 삶의 맥락으로부터 유리된 추상적 관념들의 체계 안으로 삶을 가두고 통제하려 하는 위선자이거나, 폭압적 권력의 부역자일 뿐이다. 설령 보편타당한 진리가 있다고 해도, 그러한 진리를 알아낼 수 있다고 해도, 인간이 알고 있고 또 알 수 있는 모든 것이 가치중립적일 수 없다는 진실이 바뀌지는 않는다. 위대한 성현들은 왜 진리를 추구했는가? 진리가 우리를 해방케 하는 유용한 것이라고 믿었기 때문이다. 왜 수많은 사상가들이 지난 수천 년의 역사 속에서 진리의 문제를 놓고 치열하게 투쟁해 왔는가? 세상에서 진리로 통하는 것이야말로 세상을 움직이는 가장 강력하고도 현실적인 힘이라는 것을 알았기 때문이다.

유감스럽게도 현대에는 진리만 추구하면 될 뿐, 자신이 새롭게 발견하게 될 소위 진리가 삶에 이로울지 해로울지 생각할 필요는 없다는 식으로 생각하는 이들이 너무도 많다. 얼마나 편리한 생각인가! 연구에 필요한 지원을 얻기 위해 정부나 기업의 환심을 사려 애쓰는 자들이 자신의 연구결과에 대해서는 아무 책임도 질 필요가 없다고 믿는다. 혹시 당신은 세상의 인정을 구하지 않는 자로서 진리를 추구하는가? 하지만 '나는 정부나 기업의 환심을 사려고 애쓰지 않는다'라는 식의 항변 따위는 아무 소용도 없다. 설령 비참한 가난에 시달리다 죽은 이가 발견한 것이라도 세상에서 진리로 통용되는 것은 세상을 움직이는 강력하고도 현실적인 힘으로 작용하기 마련이다. 그러니 진리란 본래 가치중립적이라고 말하는 자의 헛소리는 자신의 책임을 부정하고 외면하려는 비겁하고 위선적인 정신의 발로일 뿐이다. 우습게도 이러한 자들 가운데 자신이 위선자라는 것을 깨닫는 자는 매우 드물다. 인간이란 실로 자기기만에 능한 동물인 것이다.

　　필자가 현사실성을 최대한 가치중립적으로 기술하려 한다는 것은 실제로 가치중립적인 기술이 가능하다고 믿기 때문은 아니다. 서로 사상이 다른 사람들끼리 싸울 때 가치중립적 입장을 취함은 실제로 가치중립적인 사상이 가능하다고 믿거나 전제함이 아니라 '평화를 이룩함'이라는 상위의 가치를 지향하기 때문에 판단을 보류함을 뜻한다.

가치중립적인 음식의 맛 같은 것은 있을 턱이 없다. 똑같은 음식을 먹으며 누구는 맛있다고 느끼고, 누구는 맛없다고 느낀다. 특별히 맛있지도 맛없지도 않다는 느낌을 받는 경우도 음식의 맛에 대한 가치중립적 평가와는 무관하다. 이러한 느낌은 분명 맛있다는 느낌보다는 부정적이고, 맛없다는 느낌보다는 긍정적이다. 하지만 음식을 먹으며 특별히 맛있지도 맛없지도 않다고 느낀 사람은 다른 사람들이 음식의 맛을 두고 말다툼을 벌일 때 어느 한쪽의 편을 들지 않고 중재자의 입장을 취하기에 유리한 상황에 있다.

물론 그는 "이 음식은 특별히 맛있는 것도 아니고 맛없는 것도 아닌데 왜 이리 싸우고들 있어!"라는 식으로 다른 사람들을 힐난할 수도 있다. 이 경우 그는 음식에 대한 자신의 판단이 옳고 다른 사람들의 판단은 틀렸다고 주장하는 셈이다. 그러나 그는 이러한 판단을 내리지 않고 각자에게 각자만의 고유한 이유가 있을 수 있다는 것을 인정하는, 그리고 바로 이러한 의미로 가치중립적인, 입장을 취할 수도 있다.

주의할 점은, 가치중립적인 입장을 취함은 비판할 이유가 분명히 있는데도 불구하고 비판하지 말아야 함을 뜻하지는 않는다는 것이다. 누군가가 음식 위에 설탕을 잔뜩 뿌려 놓은 뒤 설탕만 숟가락으로 떠먹으며 "이 음식은 정말 달고 맛있어!"라고 말한다든가, 반대로 "이 음식은 너무 달기만 하고 맛이 없구먼!" 하고 투덜거리면 당연히 잘못을 지적하고 비판해야 할 것이다.

아마 하이데거의 철학에 대해 필자처럼 가치중립적인 입장을 취하려 애쓰는 사람은 자신이 자주 이러한 종류의 비판을 제기해야 한다는 것을 깨닫고는 난처해하게 될 것이다. 하이데거의 사상에 제멋대로 편견이라는 이름의 설탕을 뿌리는 이들이 너무나 많다. 어떤 이는 자신이 뿌린 편견의 단맛에 도취한 채 하이데거의 사상을 칭찬하고, 어떤 이는 반대로 '너무 달기만 해서 결국 세상을 해치게 될 거야'라는 식으로 생각하고 비난한다. 필자가 원하는 것은 하이데거의 사상에서 편견이라는 이름의 설탕을 걷어 내는 것이다. 그렇게 하지 않으면 하이데거의 철학에 대한 칭찬과 비난이 모두 무근거하고 부당한 것이 될 수밖에 없음을 알기 때문이다.

하이데거의 사상은 독을 담고 있다

오해는 하지 말라. 필자는 하이데거의 철학을 무미건조하게 받아들이지 않는다. 실은 그 반대이다. 필자에게 하이데거의 철학은 매우 감미롭기도 하고 매우 역겹기도 하다. 필자가 하이데거의 철학을 매우 감미롭게 느끼는 까닭은 그 안에서 인간의 삶과 존재를 적확하게 이해할 최상의 가능성을 발견하기 때문이다. 반면 필자가 하이데거의 철학을 매우 역겹게 느끼는 까닭은 그 안에 고통과 책임의 문제에 대한 고민이 거의 담겨 있지 않기 때문이다. 이 말은 단순히 하이데거가 고통과 책임의 문제에 대해 고민하지 않아서 실망했다는 뜻이 아니다.

그가 어떤 시대를 살았는지 생각해 보라. 나치가 정권을 잡았던 1930년대의 저술들은 차치하고 하이데거의 주저로 통하는 『존재와 시간』 등 1920년대의 저술들에도 고통과 책임의 문제에 대한 진지한 언급은 거의 보이지 않는다. 잘 알려져 있는 것처럼, 하이데거는 『존재와 시간』에서 일상세계를 죽음의 선구성이 일깨우는 불안으로부터의 도피처로 묘사한다. 장차 도래할 자신의 죽음의 때를 미리 앞질러 달려가 본 인간 현존재는 그 때문에 생겨난 불안을 직시하기보다 대개 친숙한 일상세계로 달아나는 경향을 보인다는 식이다. 1914년부터 1918년까지 약 4년 동안 지속되었던 소위 제1차 세계대전이 독일의 패배로 끝이 났다는 점, 그 이후 수많은 독일인들의 삶이 이루 말할 수 없으리만치 비참했다는 점을 고려해 보면 하이데거의 주장은 매우 이상하게 들린다.

그는 죽음이 일상화된 시기를 살지 않았던가! 그런 그가 어찌 일상세계를 죽음으로부터의 단순한 도피처처럼 묘사할 수 있다는 말인가! 더욱 이상한 것은 그가 일상세계를 도구적 의미연관의 친숙성이 지배하는 곳으로 묘사한다는 점이다. 그는 분명 많은 인종을 향한 독일인들의 증오와 편견이 자라나던 시대를, 그 증오와 편견이 정의와 윤리의 이름으로 부단히 합리화되던 시대를 살았다. 그럼에도 하이데거의 철학에는 윤리와 규범성의 문제에 대한 거의 아무런 고민의 흔적이 없다. 윤리와 규범성의 문제가 그 유례를 찾을 수 없으리만치 날카롭고 심각하게 제기되던 시대에 그는 자신의 철학이 윤리와 규범성에 관한 사상적 투쟁으로부터 초연히 벗어날 수 있다고 여겼던 듯하다. 얼마나 역겨운 일인가! 불의가 판치는 시대에 자신은 이런 문제에는 별 관심이 없어 그저 가치중립적인 관점에서 사유할 뿐이라고 말하는 자의 철학만큼 위선적이고 가증스러운 것이 또 있을까?

이상하게 들리겠지만, 필자는 하이데거의 철학이 매우 탁월한 것이 될 수 있게 했던 원동력이 바로 이러한 종류의 위선에 있었다고 본다. 불의를 추구하는 자든, 정의를 추구하는 자든, 누군가 실제적인 적에 맞서 치열하게 싸우는 자는 흑백논리와 편견에 빠지기 쉽다. 하이데거가 어떤 시대를 살았는지 생각해 보면, 그의 철학은 정말 놀라울 정도로 거의 아무 흑백논리나 편견도 보이지 않는다. 그러나 도덕적 위기의 시대에 초연한 태도를 취하는 자의 정신에는 늘 독이 들어 있는 법이다. 이러한 자는 본래 냉담한 자이며, 설령 그가 삶을 따뜻하고 정겨운 말로 곧잘 묘사한다고 하더라도 그가 본래 냉담한 자라는 진실이 바뀌는 것은 아니다. 하이데거의 정신에 독이 들어 있다는 것을 아는 자에게 그 독은 자신의 시대가 안겨 준 정신적 질병을 낫도록 하는 데 사용될 치유제일 수 있다. 정신적 질병이란 대개, 순전히 생리적 원인 때문에 일어나는 경우를 제외하고, 흑백논리와 편견 때문에 생기는 것이기 때문이다. 그러나 하이데거의 정신에 독이 들어 있다는 것을 모르는 자에게 그 독은 치명적일 수 있다. 삶은 삶을 위해 분투하는 자에게만 고통과 허무, 쓰디쓴 고독으로부터 벗어날 길을 열어 보이는 법이기 때문이다.

규범과 윤리는 존재론적으로 일종의 폭력이다

삶을 위한 분투는 존재론적으로 어떤 의미를 지닐 수 있을까? 이러한 물음에 대해서는 아마 매우 다양한 해명이 가능할 것이다. 필자는 존재란 가치로 환원될 수 없는 것이라는 하이데거의 근본 입장을 근거로 삼아 두 가지 상반된 해명을 제시할 것이다. 첫째, 삶을 위한 분투는 존재를 삶을 위한 도구성의 관점에서 해석하고자 하는 의지를 수반하기 마련이고, 따라서 존재의 가치로의 환원이라는 의미의 존재론적 폭력을 뜻할 수밖에 없다. 둘째, 삶을 위한 분투는 인간 현존재의 존재를 도구적 의미연관으로부터 해방하고자 하는 의지의 표현이며, 그 때문에 존재의 가치로의 환원이라는 의미의 존재론적 폭력을 극복하고자 하는 인간 현존재의 존재의 운동을 뜻할 수밖에 없다.

간과하지 말아야 할 것은 삶을 위한 분투가 이루어질 자리는 바로 일상세계라는 점이다. 존재론적으로 일상세계란, 삶을 위한 분투가 이루어지는 자리로서, 존재의 가치로의 환원이라는 의미의 존재론적 폭력이 일어나는 곳이기도 하고, 동일한 폭력을 극복하고자 하는 인간 현존재의 존재의 운동이 벌어지는 곳이기도 하다는 뜻이다.

삶을 위한 분투가 지니는 두 가지 상반된 의미가 통일된 곳이 바로 일상세계라는 점을 염두에 두고 이제 규범과 윤리에 대해 존재론적으로 성찰해 보자. 전통 철학의 관점에서 보면, 규범과 윤리란, 이성에 의해 올바른 것으로 파악된 것인 한에서, 삶을 위해 좋은 것이다. 그러나 존재론의 관점에서 보면, 이런 식의 주장은 타당한 것으로 인정될 수 없다. 그 까닭은 규범과 윤리가 본래 가치적인 개념이기 때문이다. 윤리적 양심이 있는 자라면, 사람은 모름지기 선하고 아름다운 존재가 되기 위해 힘써야 한다는 식으로 생각할 것이다. 그런데 이러한 생각은, 사람은 모름지기 남을 위해서, 혹은 사회를 위해서, 쓸모 있는 존재가 되어야 한다는 생각과 같다. 물론 쓸모 있는 존재가 되어야 한다는 생각은 사람이 자칫 쓸모 없는 존재가 될 수 있다는 것을, 실제로 쓸모없는 존재로 평가받을 수 있는 사람이 있다는 것을, 암묵적으로 전제한다.

아마 누군가는 올바른 규범과 윤리란 사람을 자체 목적

으로 삼는 것이기 때문에 올바른 규범과 윤리에 입각해서 스스로 쓸모 있는 존재가 되기 위해 힘쓰는 사람은 결코 사람을 단순한 수단으로 여기지 않는 법이라고 주장할지도 모르겠다. 유감스럽게도 문제는 그리 단순하지 않다. 규범과 윤리란 결국 사람의 말과 행위에 대한 심판을 겨냥하는 것일 수밖에 없다. '모든 사람을 자체 목적으로 삼으라!'라는 윤리적 명령은 암묵적으로 이러한 명령에 순응하지 않는 자는 남들에게 해로운 자이고, 바로 그 때문에 비난을 받거나 벌을 받거나 해야 한다는 것을 전제하기 마련이다. 물론 윤리의 이름으로 비난을 받거나 벌을 받거나 해야 할 사람이란 다소간 쓸모없거나 심지어 해롭기까지 해서 그냥 제멋대로 살도록 내버려 두어서는 안 될 사람이라는 것과 같다. 그러한 점에서 존재론적으로 규범과 윤리란 본래 인간 현존재의 존재를 가치로 환원하려는 폭력의 기제이다. 설령 그것이 규범과 윤리가 없는 경우 세상에 생겨날 폭력의 양과 강도를 줄이는 방향으로 작용한다고 하더라도 그것이 존재론적 폭력의 하나라는 진실이 바뀌지는 않는다.

한 가지 흥미로운 점은 이러한 존재론적 폭력으로서의 규범과 윤리의 한계를 극복할 것을 청유하는 보다 고차원적인 규범과 윤리도 있다는 것이다. 소위 보편종교의 근본 이념, 예컨대 불교의 자비의 이념이나 기독교의 사랑의 이념은 바로 이러한 규범과 윤리의 표현이라고 볼 수 있다.

마태복음에 따르면, 예수는 제자들에게 다음과 같이 말한다. "남을 심판하지 말라. 그래야 너희도 심판받지 않을 것이다. 너희가 심판하는 것 그대로 너희도 심판받을 것이고, 너희가 되질하는 바로 그 되로 너희도 되질을 받을 것이다. 어찌하여 너희는 형제의 눈 속에 있는 티는 보면서, 자신의 눈 속에 있는 들보는 깨닫지 못하느냐? 너희 눈 속에 들보가 있는데, 어떻게 형제에게 '가만히 있으라, 네 눈에서 티를 빼내어 주겠다'라고 말할 수 있느냐? 위선자여, 먼저 너희 눈에서 들보를 빼내어라. 그래야 너희가 또렷하게 보며 형제의 눈에서 티를 빼낼 수 있을 것이다."(마태복음, 제7장 1~5절)

남을 심판하지 말라는 예수의 명령은 분명 일상세계를 지배하는 존재론적 폭력으로서의 규범과 윤리의 한계를 극복하라는 명령으로 해석될 수 있다. 이러한 명령이 지니는 한 가지 긍정적인 점은 세상에서 발견되는 모든 폭력적 경향이 사라지도록 서로 온전히 사랑하고 긍정하라는 전언을 담고 있다는 것이다. 불행하게도 일상세계에서는 이러한 명령 자체가 인간 현존재의 존재를 부정당해 마땅한 것으로서 이해하도록 하는 은밀하고도 집요한 폭력적 경향의 원인으로 작용하기 쉽다. 인간 현존재란 자신이나 자신이 사랑하는 자에게 해를 끼치는 자를 잘못된 인간으로 심판하려는 성향으로부터 자유로울 수 없는 존재자이기 때문이다. 역설적이게도, 실은 남을 심판하지 말하는 예수의 명령 자체가 모든 인간의 존재에 대한 부정적 심판을 암묵적으로 전제한다. 그것은 심판하는 성향으로부터 자유롭지 못하고 또 자유로울 수도 없는 모든 인간을 향해 '너희는 모두 너희가 결코 될 수 없는 고차원적인 존재가 아니라는 바로 그러한 이유로 단죄받아 마땅한 죄인이다'라고 고지하는 역설적 명령인 것이다.

우리는 지극한 선을 지극한 악으로, 반대로 지극한 악을 지극한 선으로 드러내는 사유의 늪을 통과해야 한다

거의 불가해한 작품으로 정평이 나 있는『말도로르의 노래』는 19세기 후반기의 프랑스 시인 이지도르 뤼시앵 뒤카스가 로트레아몽이라는 필명으로 발표한 것이다. 아마 이 작품은, 보편종교의 근본 이념을 통해 표현된 고차원적인 규범과 윤리까지 포함해서, 모든 종류의 규범과 윤리가 지니는 이러한 역설과 모순, 자가당착에 대한 날카로운 문제의식으로부터 비롯된 것이라고 볼 수 있을 것이다.

『말도로르의 노래』는 다음과 같은 말로 시작한다. "자신이 읽는 글처럼 순간적으로 잔인해지고 대담해진 독자가, 이 어둡고 독으로 가득 찬 페이지들의 황폐한 늪지대를 지나면서, 방향을 잃지 않고, 험하고 거친 자신의 길을 가기 바란다."[1] 로트레아몽이 암시한 길은 하이데거의 존재론이 원래

가야만 했으나 가지 않은 길이다. 지극한 선이 지극한 악이 되고, 반대로 지극한 악이 지극한 선이 되며, 그럼으로써 존재의 근원적 의미가 성스러움과 사악함의 역동적 통일 속에서 드러나도록 하는 사유의 늪이야말로 존재론이 제 길로 들어서기 위해 지나야만 하는 곳이다.[2] 왜 하이데거의 존재론은 제 길로 들어설 수 없었을까? 왜 하이데거의 존재론은 제 길로 들어서기 위해 반드시 통과해야만 하는 그 불가사의한 사유의 늪을 외면해 버렸을까?

1 로트레아몽(2020), 7.

2 존재의 근원적 의미가 성스러움과 사악함의 역동적 통일성 속에서 드러나도록 하는 사유란 존재론적으로 토마스 아퀴나스처럼 "악"을 "선의 결핍"으로 규정하거나, 스피노자처럼 "우리에게 유용한 것"으로 규정될 "무엇이든 선한 것"의 "소유를 가로막는 것"으로 규정하는 방식의 사유와 엄밀하게 구분되어야 한다. Aquinas(2014), 425 이하; Spinoza(2017), 424. 아퀴나스와 스피노자의 사유는, 그 논증방식의 상이함에도 불구하고, 개체화된 자기의 한계를 넘어서 신과도 같은 어떤 무한자 내지 포괄자의 관점에서 삶과 존재의 의미를 헤아릴 수 있는 인간 정신의 본질적 탁월함, 고상함 등을 암묵적으로 전제한다는 점에서 공통점을 지닌다. 하지만 존재론적으로 해명되어야 할 문제 가운데 하나는 바로 이러한 전제 자체가 현존재로 하여금 특정한 인간성의 이념을 향해 나아가도록 몰아세우는 권력의 기제로서 작용할 수 있는지의 여부이다. 『말도로르의 노래』가 성스러움과 사악함의 존재론적 관계에 대한 해명을 위해 각별한 의미를 지닐 수 있는 것은 바로 이러한 물음에 대한 날카로운 문제의식이 일상세계에서 온당한 것으로서 통용되는 선과 악의 관계를 전복시키는 방향으로 나아가기 때문이다. 성스러움, 사악함, 선, 악 등의 관계에 대한 이 글의 논의는 "존재와 발달을, 선한 것과 악한 것을, 긍정적인 것과 부정적인 것을 통합하려는" 매슬로의 존재심리학적 논의와도 그 성격이 매우 다르다. 매슬로 역시 ―선과 악의 관계에 대한 전통 철학적 관점에 입각해서― 악을 그 상대적 대립 개념으로서의 선을 넘어서는 보다 심오하고 포괄적인 고차원적 선과 통합시킬 가능성을 인간 정신의 고상함, 탁월함 등에서 발견하려 하기 때문이다. 매슬로(2017), 66.

필자 자신까지 포함해서, 하이데거의 철학을 아끼고 사랑하는 자에게는 미안한 말이지만, 하이데거가 본래 자기 시대의 진실을 직시하기를 거부하는 위선자이자 겁쟁이였기 때문이다. 어떤 점에서 보면, 어쩌면 인류의 역사에 크나큰 영향력을 행사해 온 모든 종류의 사상과 신앙이 다소간 다 이러한 종류의 위선과 비겁의 표현이거나 그에 대한 단순한 반발의 표현에 불과한지도 모른다. 인간 현존재의 존재를 선한 것으로 이해하려 하거나, 반대로 악한 것으로 이해하려 하는 자는 모두 이러한 종류의 위선과 비겁으로부터 자유롭기 어렵다. 그 위선과 비겁의 근본 원인은 지극한 선이 지극한 악이 되고, 반대로 지극한 악이 지극한 선이 되며, 그럼으로써 존재의 근원적 의미가 성스러움과 사악함의 역동적 통일 속에서 드러나도록 하는 사유의 늪 앞에서 머뭇거리는 우유부단이다.

　　아마 누군가는 '선이 악이 되고, 반대로 악이 선이 된다'라는 식의 말 같은 것은 순전한 난센스에 불과하다고 여길지 모르겠다. 이러한 주장은 악한 인간이 자신을 변호하기 위해 만들어 내는 궤변일 뿐이라고 말이다. 이러한 의문을 품고 있는 독자는 우선 선과 악의 분별이 심판과 단죄의 근원적 가능 근거일 뿐 아니라 그 자체로 이미 악한 자를 악한 자로서 분별해 내어 심판하고 단죄하고자 하는 의지의 표현이라는 점에 대해 생각해 주기 바란다. 더욱이 규범과 윤리는 모든 인간을 향해 있다. 규범과 윤리의 관점에서 보면, 그리고 그 이념적 토대인 선과 악을 인간 현존재 모두에게 적용할 수 있는 현실적인 것으로서 이해하는 정신의 관점에서 보면, 인간 현존재 모두는 결국 규범과 윤리에 입각한 심판과 단죄의 잠재적·현실적 근거이자 이유일 뿐 아니라 그 대상이기도 하다.

인간이 마땅히 지향해야만 하는 선의 이념이 순수하고 아름다운 것으로 통용되면 될수록 그에 상응하는 만큼 인간이란 본래 단죄받아 마땅한 죄인이라는 점이 더욱 분명하게 드러난다. 이때 '분명하게 드러남'이란 단순한 사실의 드러남도 아니고, 단순한 비현실적 환영의 드러남도 아니다. 그것이 단순한 사실의 드러남이 아닌 까닭은 규범과 윤리가 돌이나 나무, 이런저런 자연법칙처럼 세상에 실재하는 것이 아니기 때문이다. 그것이 단순한 비현실적 환영의 드러남이 아닌 까닭은 삶과 존재의 의미를 규범과 윤리의 관점에서 헤아릴 수 있는 현존재란 언제나 이미 규범과 윤리가 현실적인 것으로서 작용하는 세계를 지닐 수밖에 없는 존재자이기 때문이다.

그것은 마치 붉은 꽃이 실재한다고 말할 수도 없고, 비현실적 환영에 불과하다고 말할 수도 없는 것과 같다. 붉은 꽃의 붉음은 감각적인 것이고, 감각적인 것은 감각하는 나의 존재에 근거를 두고 생성되는 현상에 속한 것이라는 점에서 붉은 꽃은 분명 단순한 실재가 아니다. 그러나 붉은색을 볼 수 있는 자에게 붉은 꽃은 단순한 환영이 아니라 분명 현실적으로 존재하는 것이며, 이러한 자는 자신의 삶을 붉은 꽃이 존재하는 세계와의 관계 속에서만 이해할 수 있다.

선의 이념은 선의 이념에 어긋나는 방식으로 존재하고 있거나 존재하게 될 가능성을 지닌 모든 인간 현존재를 잠재적·현실적 죄인으로서 언제나 이미 낙인찍고 있다. 바로 그러한 점에서 지극한 선의 이념은 그 자체로 지극한 악의 이념과 같다. 적어도 인간 현존재의 삶과 존재를 직접적으로 부정하고 파괴하거나 그 가능 근거로 작용하는 것이 악일 수밖에 없다는 전제 아래서는 그러한 결론을 피하기 어렵다. 이와 반대로 지극한 악의 이념은, 지극한 악의 이념에 어긋나는 방식으로 존재하는 모든 인간 현존재의 근원적 선을 드러내는 방향으로 작용할 수밖에 없다는 바로 그러한 점에서, 그 자체로 지극한 선의 이념과 같다. 선이란 본래 인간 현존재의 삶과 존재를 긍정하고 그 보존과 증진에 이바지하는 모든 것을 가리키는 말이기 때문이다.

지극한 악의 이념은 우리가 악을 멀리해야 한다는 점을 밝히 일깨우며, 우리로 하여금 이러한 각성을 통해 선해질 수 있는 자신의 가능성과 반드시 선해져야 한다는 의무감을 함께 발견하게 한다. 아마 바로 이것이 괴테의 『파우스트』에 담겨 있는 그 유명한 선언 "나는 영원히 악하고 싶지만, 결국 영원히 선을 행하게 되는 그 힘의 분신이다"의 실질적인 의미일 것이다.

아마 이러한 주장에 대해 제기될 수 있는 반론 가운데 하나는 그것이 일종의 인간 중심주의에 입각한 주장이라는 지적일 것이다. 예컨대, 종교적 신앙이 있는 사람이라면, 오직 신만이 참으로 선하고 공의로우며, 그렇기에 모든 인간 현존재를 단죄받아 마땅한 죄인으로 간주하는 것은 신의 관점에서 보았을 때 당연하고 마땅한 일이라는 식으로 주장할지도 모른다. 인간의 시각으로 보면 인간의 존재에 대한 완전한 부정이라는 점에서 악으로 통용될 것이 절대자인 신의 시각으로 보면 도리어 공의와 선일 수 있다고 말이다.

이러한 종교적 주장은 물론 인간은 결국 죄인일 수밖에 없다는 것을 함축한다. 그 근거는 인간이 신이 아니고, 또 신일 수도 없다는 바로 그 점에 있다. 그런데 이런 식의 종교적 사고방식은 지극한 선의 이념이 그 자체로 지극한 악의 이념과 같다는 것을 반박하기는커녕 도리어 방증할 뿐이다. 지극한 선의 담지자인 신의 존재가 모든 인간을 단죄받아 마땅한 죄인으로 간주하도록 하는 그 근거로 작용한다는 것을 암묵적으로 전제하기 때문이다. 신을 믿는 자가 신이란 악으로부터 완전히 자유로운 존재라고 여긴다면, 그것은 그가 신에게는 모든 인간을 단죄하거나 심지어 멸해도 좋은 권리가 정당하게 주어져 있다고 믿기 때문이다. 이러한 믿음은 결국 일상 세계에서 인간 현존재의 존재를 부정당해 마땅한 것으로 이해하도록 하는, 그럼으로써 불특정한 다수의 인간 현존재에 대해 규범과 윤리의 이름으로 가해지는 폭력을 정당한 것으로 여기도록 하는, 그 근거로 작용하기 마련이다. 신의 이념 및 신이 현실적으로 존재한다는 믿음은 단순히 죽음과 고통의 가능성을 줄이는 방향으로만 작용하는 것이 아니라, 실은 그것이 없었더라면 생겨나지 않았을 새로운 종류의 죽음과 고통의 가능성이 생성되고 부단히 증가하도록 하는 방향으로 작용할 수밖에 없다는 뜻이다.

하이데거의 관점에서 보면, '선이 악으로, 또한 악이 선으로 간주될 수 있다'라는 현사실적 삶의 진실은 본래 존재론이란 규범과 윤리의 문제와 무관한 것이어야 한다는 것을 암시하는 것으로 여겨질 수도 있다. 선과 악의 역동적 통일성이란 결국 존재를 가치의 관점에서 해석하는 경향에 의해 생겨나는 것이기 때문이다. 아마 하이데거의 존재론을 긍정적으로 평가하는 자라면 이렇게 물을 것이다. '선악에 관한 사유의 늪을 존재론이 통과해야만 하는 이유란 대체 무엇인가?'

잘 알려져 있는 것처럼, 하이데거는 존재의 가치로의 환원을 존재에 대한 형이상학적 폭력의 본질이라고 본다. 그렇다면 선악의 관념이란, 그것이 존재에 대한 가치적 이해의 표현이라는 점에서 보면, 존재론과 본래 무관한 것이고 또 무관한 것이어야만 하지 않을까? 과연 그렇기는 하다. 그러나 실은 바로 이 때문에 존재론은 반드시 선악에 관한 사유의 늪을 통과해야만 한다. 선악의 관념에 입각한 규범성이 —현존재의

41

근원적 존재방식인— 일상성의 근원적 요소이기 때문이다.

존재론은 가치로 환원될 수 없는 존재 자체의 의미를 드러내야 한다. 존재론의 관점에서 보면, 존재의 근원적 의미는 모든 가치의 이념을 초월하는 것이고, 바로 이러한 점에서 선악의 관념 또한 초월한다.[3] 존재론이란, 적어도 그것이 가치로 환원될 수 없는 존재 자체의 의미를 드러내려 하는 한에서는, 선악의 관념과 무관한 것이고, 또 무관한 것이어야 한다는 뜻이다. 그러나 존재론적 물음의 시원적 근거는 이 물음을 던질 수 있는 특별한 존재자로서의 현존재의 존재이다. 현존재의 존재란 무엇보다도 우선 일상적 세계-안에-있음으로서 규정되어야 함을 잊어서는 안 된다. 하이데거는 선악의 관념이 존재의 의미를 드러내는 데 어떤 의미를 지니는지 묻지 않았다. 또한 현존재의 일상성을 선악의 관념에 입각한 규범성의 관점에서 해석하지도 않았다. 그러나 일상적 존재자로서의 현존재의 존재는, 일상세계 자체가 규범에 의해 언제나 이

---

3 존재가 가치로 환원될 수 없는 것이라는 하이데거의 관점은 특히 니체 비판에서 집약적이고 명료하게 나타난다. 하이데거는 형이상학적 폭력의 근원이 존재를 이념적 가치로 환원하는 것에 있다고 본다. 하이데거의 니체 비판의 핵심은, 힘에의 의지에서 존재의 본질을 본다는 점에서 니체 역시 존재를 삶을 위한 가치의 관점에서 조망하는 셈이고, 바로 이러한 이유로 형이상학의 한계를 온전히 극복하는 데 실패했다는 것이다. 하이데거의 니체 비판이 타당한지 논하는 것은 이 글의 과제가 아니다. 중요한 것은 하이데거의 존재론에서 존재의 의미는 가치론적 관점에서 해석될 수 있는 것이 아니라는 점을 분명히 하는 일이다. 이 점에 대해서는 다음 참조. Heidegger(1996), 15 이하 및 425 이하; 하이데거(2010), 34 이하 및 455 이하.

미 침윤되어 있는 세계라는 점에서, 근원적으로 규범적이다. 바로 이 때문에 존재론은, 가치로 환원될 수 없는 존재 자체의 의미를 드러내기 위해서라도, 선악에 관한 사유의 늪을 통과해야 한다. 존재의 의미를 물을 특별한 존재자로서의 현존재의 존재가 근원적으로 규범적이기 때문이다.

필자가 『말도로르의 노래』에 주목하는 까닭은 그 안에 근원적으로 규범적인 현존재의 존재로부터 생성되는 선악의 관념이 현존재의 일상세계 안에서 —겉으로 보기에 선이 승리를 거두는 것으로 보이든, 반대로 악이 승리를 거두는 것으로 보이든 상관없이— 언제나 서로가 서로를 보증하는 방식으로 뒤엉키는 가운데 끝없이 새로운 폭력의 가능성을 낳는다는 것이 분명하게 드러나 있기 때문이다.

자기 시대의 진실을 온전히 직시하기를 거부했던 하이데거의 위선과 비겁에도 불구하고, 하이데거의 존재론은 전통적인 철학이 명시적으로 드러내지 못했던 한 가지 존재론적 진실을 밝히 드러내고 있다. 그것은, 규범과 윤리의 가능 근거인 선과 악의 이념까지 포함해서, 존재의 가치화는 언제나 인간 현존재의 삶과 존재에 대한 형이상학적 폭력으로 해석되어야 한다는 진실이다. 이것 하나만으로도 하이데거는 그 자신의 위선과 비겁에도 불구하고 마땅히 20세기 최대의 철학자로 불려야 한다.

물론 하이데거가 20세기 최대의 철학자라는 것이 그를

비판하지 말아야 할 이유일 수는 없다. 실은 그 반대이다. 그의 정신이 명민하고 심오한 정도에 비례해서 그가 남긴 철학의 한계는 더욱 신랄하게 비판받아야 한다. 이미 밝혔듯이, 하이데거의 본질적으로 냉담한 정신에는 독이 담겨 있기 때문이다. 그 독이 어떤 성격의 것인지 밝혀내기 위해서는 『말도로르의 노래』의 시적 감성의 언어 속에 묻혀 있는 음울한 성찰들을 하이데거의 존재론과 유기적으로 결합할 필요가 있다. 비유적으로 말하자면, 『말도로르의 노래』는 선악에 관한 사유의 늪을 통과해 가며 그 늪을 온전한 정신으로 통과하기가 거의 불가능하다는 것을 깨달은 자만이 —달리 말해, 역설적이게도 스스로 자신의 온전한 정신을 잃을 위기에 처하도록 함으로써 이러한 깨달음에 이르게 된 자만이— 이해할 수 있는 생생한 진실을 담고 있다. 그러나 우리는 그 늪을 반드시 온전한 정신으로 통과해야만 한다. 하이데거의 본질적으로 냉담한 정신, 자기 시대의 진실을 직시하고 온몸과 마음으로 애통해하기를 거부한 위선적이고 비겁한 정신이 우리에게 필요한 까닭이 바로 여기에 있다.

연인의 죽음 때문에 비통해하는 자에게 누군가 다음과 같이 담담하게 말한다고 상상해 보라. "죽은 자는 이미 세상에 존재하지 않기 때문에 슬픔에 매몰되기보다 연인의 부재로 특징지어질 새로운 현실을 받아들일 마음의 준비를 하는 것이 현명하지." 이러한 자의 정신은 분명 냉담하다. 그러나 그럼에도 그 말이 옳다는 것을 부정하기는 어렵다. 철학을 모르는 자에게 지혜를 사랑함으로서의 철학의 언어가 때로 견디기 어려울 만큼 차갑고 메마른 것처럼 여겨지는 까닭이 바로 이것이다. 그러나 단언컨대, 지극한 선이 때로 지극한 악이 되고, 반대로 지극한 악이 때로 지극한 선이 되기도 하는 인간 현존재의 현사실적 삶에 대한 사유의 늪을 온전한 정신으로 통과하기 위해서는 때로 얼음처럼 차가운 심장을 지닐 필요가 있다.

2장

함께-있음과 현존재의 본래적 자기

하이데거의 일상세계 개념은 현상학적 사유에 근거를 두고 있다

하이데거는 인간들 사이의 관계가 잠재적·현실적 적대관계에 의해 규정되어야 함을 알면서도 그 진실을 파헤치기를 외면해 버렸다

현존재란 자신의 존재론적 굴욕의 근원적 근거인 죽음을 통해, 오직 죽음을 통해서만, 비로소 굴욕을 감내하며 존재하기를 그치게 되는 역설적 존재자이다

말도로르는 증오를 환기하는 자이며, 그 증오는 존재론적 굴욕의 상황을 극복하고자 하는 의지의 표현이다

말도로르는 『죄와 벌』의 주인공 라스콜니코프보다 존재론적으로 퇴행적인 동시에 더욱 진실하다

하이데거의 일상세계 개념은 현상학적 사유에 근거를 두고 있다

하이데거는 인간이라는 말 대신 현존재라는 말을 사용한다. 현존재는 독일어 'Dasein'을 번역한 말이고, 'Dasein'은 '그때' 혹은 '거기'를 뜻하는 'da'와 '있음'을 뜻하는 'sein'을 합친 형태의 단어이다. 간단히 말해, 하이데거에게 인간 현존재란 '그때-거기'라는 구체적인 상황 속의 존재자이며, 이는 곧 전통 철학이 줄곧 그렇게 해 왔듯이 인간을 영원불변하는 이성이나 영혼 실체 같은 형이상학적 개념을 통해 규정해서는 안 된다는 것을 뜻한다. 인간 현존재는 본래 시간적이고 역사적인 존재자이지 영원불변성에 의해 규정될 수 있는 존재자가 아니라는 것이다.

하이데거는 "현존재의 그때-거기[Da]"를 "세계-안에-있음의 열어 밝혀져 있음"으로 규정한다.[4] 이 말의 의미를 이해하려면, 우선 존재론적으로 세계란 소위 객관성의 이념과 무관

---

[4] Heidegger(1993), 175.

한 것임을 분명히 해야 한다. 왜 존재론적 의미의 세계가 객관성의 이념과 무관한가? 현상학이 존재론의 토대이기 때문이다.

하이데거가 『존재와 시간』 서론에서 밝힌 바에 따르면, **"존재론은 오직 현상학으로서만 가능하다."**[5] 대다수 하이데거 연구자들은 그 까닭을 현상학이 『존재와 시간』이 시도한 기초존재론의 방법론적 토대이기 때문이라는 식으로 설명한다. 이러한 설명은 분명 올바르다. 그러나 현상학이 존재론을 위한 방법으로서의 의미만 지닌다는 식의 오해를 불러일으키기 쉽다는 점에서 그 자체만으로는 조금 부족하고 부적절하다. 하이데거의 존재론은 —그 방법론적 토대만 현상학적인 것이 아니라— 본질적이고 총체적으로 현상학적이라는 뜻이다.

하이데거의 존재론의 관점에서 보면, 존재란 늘 현상적인 존재자의 존재에 대한 선이해를 전제로 하는 말이다. 물론 하이데거에 따르면, 알레테이아(탈은폐)로서의 진리 개념에 대한 하이데거의 설명에서 알 수 있는 것처럼, 존재란 결코 드러난 현상으로 환원될 수 없다. 그러나 현상으로 환원될 수 없는 존재의 의미를 물음 역시 실은 현상적 존재자의 존재에 대한 이해를 전제하는 것이며, 더 나아가 현상으로 환원될 수 없는 존재 역시 현상적 존재자의 존재와 단순히 구분되어 개

---

5   Heidegger(1993), 35. 원문 강조.

별화될 수 있는 것으로서의 존재라는 뜻을 지니지 않는다.

　예컨대, 앞에서 이미 설명한 것처럼, 붉은 꽃은 존재론적으로 객관적으로 실재하는 것도 아니고, 단순한 환영에 불과한 것도 아니다. 붉은 꽃의 붉음이 감각하는 나의 존재를 통해서만 생성될 수 있다는 점에서 붉은 꽃은 나와 무관하게 객관적으로 존재하는 것이 아니다. 그렇다고 붉은 꽃이 나의 의식의 작용에 의해 무로부터 창조된 한갓 환영에 불과하다고 볼 수는 없다. 붉은색을 볼 수 있는 나에게 붉은색은 현실적으로 존재하는 것이며, 내가 지금 여기에서 보고 있는 붉은 꽃 역시, 비록 객관적으로 존재하는 것은 아니라고 할지라도, 분명 현실적으로 존재한다. 물론 붉은 꽃은 붉음을 지각할 수 있는 나의 존재를 통해서 생성된 현상이다. 인간과 달리 세계를 흑백으로 보는 동물에게는 붉은 꽃이 아니라 회색 꽃이 세계를 흑백으로 보는 그 동물의 존재에 근거를 둔 하나의 현상으로서 생성될 것이다. 즉, 아마 대개의 독자들에게 매우 역설적으로 들릴 테지만, 붉은 꽃의 근원적 근거로서의 존재(자)는 하나의 현상적 존재자로서의 붉은 꽃의 ―붉은 꽃으로서의― 존재(자)와 같은 것일 수 없다. 붉은 꽃은 하나의 존재자가 붉음을 볼 수 있는 나의 지각역량에 상응하는 방식으로 그 자신을 열어 보여 줌을 가리키고, 그런 점에서 그것은 존재(자)의 드러남이면서 동시에 붉은 꽃으로 환원될 수 없는 것으로서의 존재(자)에 대한 일종의 은폐이다.

이제 이와 같은 점을 염두에 두고 하이데거가 현존재라는 말로 부르는 인간의 존재가 존재론적으로 어떤 의미를 지니는지 구체적으로 생각해 보자. 하이데거에 따르면, 인간 현존재는 두 종류의 자기를 지닌다. 하나는 일상적이고 비본래적인 자기이고, 또 다른 하나는 일상적인 자기의 비본래성을 자각할 본래적 자기이다. 왜 일상적인 자기는 비본래적인가? 하이데거의 난해한 설명을 거칠게 뭉뚱그리면, 일상세계를 지배하는 도구적 의미연관에 의해 잠식된 의식을 가지고 있기 때문이다.

잘 알려져 있는 것처럼, 하이데거는 의식이라는 말을 잘 사용하지 않는다. 의식 내재적인 것으로 상정된 관념과 표상의 근거를 주체로서의 의식 자체에서 찾아야 하는가, 아니면 의식 외재적인 사물들의 세계에서 찾아야 하는가 등등 —현상학적 존재론의 관점에서 보았을 때 분명— 부적절한 전통철학적 물음들과 존재론적 물음들을 구분하기 위해서다. 하이데거의 관점에서 보면, 소위 의식이란 외부세계와 명확히 구분되어야 할 고립된 체계로서의 위상을 지닐 수 없다는 뜻이다. 이런 복잡한 문제는 우선 차치하고, 논의를 조금이라도 쉽게 하기 위해 그냥 의식이라는 말을 일단 사용하기로 하자. 의식을 비롯해 이런저런 용어들을 하이데거가 왜 사용하기를 거부하는지 일일이 설명하려면 글이 자칫 복잡하고 장황해지기 쉬우니 말이다. 일상적 자기의 비본래성에 대한 하이데거의 문제의식을 평범한 말로 풀어 보면, 결국 우리의 경험적 자기는 일상세계에서 살아가는 가운데 일상세계를 지배하는 이런저런 의미연관에 의해 잠식된 의식을 지니기 마련이라는 것으로 정리될 수 있다. 물론 일상세계는 기본적으로 이론적 인식을 도모하는 자를 위한 세계가 아니라 삶을 위해 구체적으로 실천해야 하는 자를 위한 세계이다. 일상세계에서 살아가는 동안 우리는 자신이 만나는 모든 것을 삶을 위해 유용한 것으로, 무용한 것으로, 혹은 해로운 것으로 해석하는 경향을 지니게 된다. 바로 여기에 우리의 일상적 자기가 일상세계를 지배하는 도구적 의미연관에 의해 잠식된 의식을 지니게 되는 근본 이유가 있다.

인간 현존재는 —도구적 의미연관이 지배하는— 일상세계 안에 빠져 있는 존재자이고, 그 때문에 현존재가 세계 안에서 만나는 이런저런 존재자들은 현존재의 정신에 의해 객체화되는 존재자들이 아니라 언제나 이미 도구로서 의미화되어 있는 존재자들이다. 왜 존재자들은 언제나 이미 도구로서 의미화되어 있는 것으로서 발견되는가? 인간 현존재의 존재 자체가 언제나 이미 도구로서 의미화되어 있기 때문이다. 여기서도 현상이란 우리 경험의 절대적 한계를 가리키는 것이라는 현상학적 진실이 통용된다. 붉은 꽃은 객체적 존재자로서 실재하는 것이 아니다. 붉은 꽃의 붉음은, 그 아름다움은, 붉음과 아름다움을 지각할 수 있는 역량을 지닌 특별한 존재자로서의 인간 현존재의 존재에 근거를 두지 않으면 생성될 수 없는 것이기 때문이다. 도구 역시 마찬가지이다. 망치나 톱, 책상 등은 객체적으로 실재하는 순연한 사물을 가리키는 말이 아니다. 도구로서 존재하는 것은 존재자를 도구로서 이해할 역량을 지닌 인간 현존재의 존재에 근거를 두고서만 존재할 수 있는 것이기 때문이다. 하이데거에 따르면, 인간 현존재는 자기 자신의 존재마저 우선 일상적이고 도구적인 것으로서 파악하는 경향을 지닌다. 왜 그러한가? 인간 현존재의 존재 자체가 도구적 의미연관이 지배하는 일상세계-안의-존재이기 때문이다.

하이데거는 인간들 사이의 관계가 잠재적·현실적 적대관계에 의해 규정되어야 함을 알면서도 그 진실을 파헤치기를 외면해 버렸다

필자는 서론에서 하이데거의 정신이 본질적으로 위선적이고 비겁하다는 것을 지적한 바 있다. 그 점이 가장 극명하게 드러나는 곳이 실은 바로 일상세계 및 인간 현존재의 일상성에 대한 하이데거의 존재론적 언명이다.

잘 알려져 있는 것처럼, 하이데거는 현존재의 일상성을 "잡담, 호기심, 그리고 양의성[애매함]" 등을 통해 해명한다.

그중 현존재의 존재를 그 근원적 규범성의 관점에서 해명하고자 하는 이 글의 관점에서 가장 흥미로운 개념은 바로 양의성이다. 하이데거에 따르면, 현존재가 "'세인들' 속에 서로 함께-있음은 결코 [서로에 대해] 닫힌 채 무심하게 나란히 옆에 있는 것이 아니다." 현존재가 —그 자신이 하나의 세인으로서 일상적 공동 현존재인— 세인들과 맺는 관계는 "서로를-위함의 가면 아래 서로를-대적함이 진행되는" 관계이다. "세인들 안에서 함께-있음"은 "긴장하며 양의적으로^{zweideutig}(애매하게) 서로에-대해-주의함, 몰래 서로-엿들음이다."**6**

현존재가 공동 현존재와 맺는 관계의 양의성에 대한 『존재와 시간』에서의 짧은 언급은 아마 하이데거가 남긴 텍스트 가운데 현존재와 공동 현존재 사이의 관계가 서로가 서로를 대적하는 투쟁적 관계일 수 있음을 암시하는 거의 유일한 부분일 것이다. 사르트르는 『존재와 무』에서 하이데거가 인간들 사이의 관계를 서로 협력하며 "**함께-있음**$^{être-avec;\ Mitsein}$"의 관점에서만 고찰한다고 지적하며 강하게 비판한다. 하이데거가 갈등과 투쟁의 관점에서 인간들 사이의 관계를 설명하려 하지 않고, 상호보완적인 도구적 협동의 관계로 인간들 사이의 관계를 규정하려 한다는 것이다. 사르트르에 따르면, 갈등과 투쟁의 관점이 사상된 "함께-있음은 이 세계의 착취를 위한

---

6   Heidegger(1993), 175.

존재론적 유대성의 한 종류를 표현"할 뿐이다. 현존재의 존재에 대한 "하이데거의 직관을 상징적으로 가장 잘 드러낼 만한 경험적 이미지는 싸움이 아니라 패거리의 이미지"이다. 그런 점에서 하이데거의 현존재는 개별자로서 실존하는 존재자가 아니라 전체성에 의해 개개인의 자유와 개성이 함몰된 집단의 구성원일 뿐이다.[7]

하이데거에 대한 사르트르의 비판은 철학적으로 다소 거칠다. 하이데거의 '함께-있음' 개념은 서로 우호적으로 협력하는 관계만을 가리키는 것이 아니기 때문이다. 하지만 하이데거에 대한 사르트르의 비판이 거칠게 된 가장 근본적인 이유는 하이데거 자신에게 있다. 양의성에 대한 하이데거의 언명들은 그가 현존재와 세인 사이의 관계를 우호적이면서 동시에 적대적인 이중의 관계로 이해하고 있음을 드러낸다. 그런데 이상하게도 하이데거는 이 이중성의 구체적 의미에 대해서는 거의 아무 말도 하지 않는다. 언급만 했을 뿐, 사르트르가 오해하기 딱 알맞게끔, 거의 일방적으로 도구적으로 서로 협력함의 관점에서만 함께-있음의 의미를 기술한다. 아무튼 함께-있음이 단순히 서로 우호적으로 협력하며 함께-있음으로 한정될 수 없음을 우선 분명히 해 두자. 외딴섬에 동떨어져 있어서 나와 아무 상호작용도 하지 않는 자는 나와 우

---

7   Sartre(1988), 291. 원문 강조. 한상연(2018), 153 이하 참조.

호적으로 협력할 수도 없지만 서로 대적하며 싸울 수도 없다. 오직 함께-있는 자들 사이에서만 우호적으로 협력함이나 서로 대적하며 싸움이 가능할 수 있다는 뜻이다.

여담이지만, 사르트르가 인간 현존재들 사이의 관계를 —사회 안에서 벌어지는 일종의 상호작용으로서의— 갈등과 투쟁의 관계로 보았다는 바로 그러한 점에서 하이데거와 대조적이라는 식으로 생각하는 연구자는 사르트르의 철학을 온전히 이해하지 못하는 자라고 말할 수 있다. 이 글의 한계를 크게 넘어서는 문제라 상세히 논할 수는 없지만, 사르트르가 갈등 및 투쟁의 관계에 대한 존재론적 기술을 통해 실제로 드러내고자 했던 것은 무無로서의 존재인 의식이란 상호작용의 관점에서 헤아릴 수 없는 절대적으로 자유로운 것이기에 본래 함께-있음의 관계를 근원적으로 넘어서 있다는 것이다. 사르트르에게 앙가주망이란 본래 이러한 의미의 초월성을 각자가 자신과 타자에게 부여하고, 인정하며, 또 실현해 나가고자 하는 일종의 존재론적 투쟁을 가리키는 것이지, 인간 현존재의 존재를 사회 —혹은 일상세계— 안에서 사회적이거나 일상적인 존재자로서 타자와 함께-있음으로 한정해 나가는 활동성을 가리키는 것이 아니라는 뜻이다.

나중에 확인하게 되겠지만, 이와 유사한 —분명 같은 것은 아니다— 문제의식이 하이데거에게서도 발견된다. 하이데거 연구자들 가운데는 —예컨대 가다머처럼— 하이데거의

『존재와 시간』은 현상학적 관점에서 출발했기 때문에 실패할 수밖에 없었고, 1930년 전후에 일어난 하이데거 사상의 소위 '전회Kehre'란 현상학과의 단절을 시사하는 것이라는 식으로 주장하는 이들이 많다. 그러나 존재란 언제나 이미 의미화되어 있는 것으로서 발화되는 하나의 말이라는 것을, 그리고 이러한 의미화 및 그 해석의 존재론적 가능 근거는 현존재의 존재일 수밖에 없다는 것을 기억해야 한다. 오직 일상세계 안에서 타자(공동 현존재)와 함께-있는 현존재의 존재에 근거한 것으로서만 존재는 도구로서 자신을 열어 보일 수 있다. 마찬가지로 오직 일상세계 안에서 일상적인 방식으로 타자와 서로 협력하거나 대립하며 함께-있음을 자신의 비본래적인 존재 방식으로 각성하고 있는 현존재의 존재에 근거한 것으로서만 존재는 도구로 환원될 수 없는 것으로서, 도구적 현상을 통해 그 자신을 드러내면서 동시에 감추는 것으로서, 발견될 수 있다. 존재론적으로, 일상세계를 지배하는 도구적 의미연관으로 환원될 수 없는 존재 자체의 고유성과 근원성을 드러내는 일은 현존재가 자신의 —그리고 분명 타자(공동 현존재)의— 존재를 일상세계-안에서 자신이 아닌 그 누구와 일상적인 방식으로 서로 협력하거나 대립하며 함께-있음의 한계를 넘어서는 것으로서 새롭게 발견함을 요구한다는 뜻이다.

그렇다면 이러한 발견, 자신과 타자가 모두 일상적 함께-있음의 한계를 근원적으로 넘어서는 존재자로서 그 성격이 새롭게 규정되어야 한다는 존재론적 진실에 대한 발견을 가능하게 하는 것은 무엇인가? 이러한 물음은 존재론적 사유가 일종의 위태로운 외줄타기와도 같다는 것을 드러낸다. 일상적 함께-있음의 한계를 근원적으로 넘어서 있는 존재자로서 자신을 발견함이란 논리적으로 자신을 비일상적인 존재자로, 그리고 타자와 본래적으로 함께-있지-않는 존재자로, 발견함과 같은 것으로 여겨지기 쉽다. 그러나 존재론적으로 일상성이란, 그리고 타자와 함께-있음이란, 결코 극복되어 무화될 수 있는 성격의 것이 아니다. 일상성이란 그 자체로서 현존재의 근원적인 존재방식의 하나이고, 이는 곧 순연하게 비일상적인 현존재란 존재론적 형용모순에 불과하다는 것을 뜻한다. 그러니 현존재는, 존재론적으로, 일상적이면서 동시에 비일상적이어야 하고, 타자와 함께-있으면서 동시에 함께-있지-않아야 한다. 이러한 논리적 역설과 모순을 어떻게 해결해야 할까?

『존재와 시간』에서 하이데거가 취한 방식은 존재를 친숙함과 낯섦의 양의성의 관점에서 해석하는 것이다. 일상세계 안에서 존재는 도구적으로 해석된 것으로서 친숙하다. 그러나 죽음의 선구성 및 실존의 근본 기조로서의 불안으로 인해 현존재는 자신의 존재를 일상세계와 근원적으로 무연관적인 것으로서 자각하고, 그럼으로써 존재를 친숙한 일상성으로 환원될 수 없는 근원적으로 낯설고 섬뜩한 것으로서 발견하게 된다. 그러나 문제는 그리 단순하지 않다. 하이데거 자신이 지적한 것처럼 현존재가 세인들과 맺는 관계는 서로를-위함의 가면 아래 서로를-대적함이 진행되는 관계이다. 서로를-대적함이 서로를 해치거나 심지어 죽일 수 있음을 함축하는 한에서, 일상세계는 이미 그 자체로서 죽음의 섬뜩함이, 세인들의 근원적 낯섦이, 언제나 이미 발각되어 있는 세계이다. 바로 그 때문에, 존재를 친숙함과 낯섦의 양의성의 관점에서 해석하면서, 한편 친숙함-일상성-비본래성을 하나로 묶고, 다른 한편 낯섦-비일상성-본래성을 또 다른 하나로 묶는 방식은 존재론적으로 적절할 수 없다. 거칠게 말해, 일상세계 안에서 현존재가 세인과 관계 맺는 방식이 서로를-위함과 서로를-대적함의 이중성을 지니고 있는 한에서, 죽음의 선구성이 일깨우는 존재의 근원적 낯섦과 섬뜩함, 불안 등등은 그 자체가 이미 일상적이다. 달리 말해, 일상세계란 단순히 현존재로 하여금 일상적인 친숙함 안으로 빠져들도록 하는 세계가 아니라 실은 일상세계와 무연관적이 될, 즉 죽음의, 가능성 자체를 섬뜩하고 회피해야 할 것으로서 언제나 이미 일상화한 그러한 세계이다.

이미 언급했듯이, 하이데거는 —존재론적 함께-있음의 양의성에 대한 하이데거의 언명을 통해 드러나듯이— 현존재와 세인 사이의 관계를 우호적이면서 동시에 적대적인 이중의 관계로 이해하면서도 그 구체적인 의미에 관해서는 침묵

하다시피 한다. 그리고 실은 바로 여기에 하이데거의 존재론이 현존재의 근원적 존재방식의 하나인 일상성을 그 근원적 규범성의 관점에서 풀어내지 못한 원인이 있다. 규범이란 본래 서로에 대해 우호적일 수도 있고 적대적일 수도 있는 존재자들 사이에서나 생겨날 수 있는 것이다. 만약 현존재와 공동 현존재가 서로에 대해 늘 우호적인 말과 행동만을 할 수 있다면 특정한 말과 행동을 금하는 형식의 규범이 생길 이유가 없을 것이다. 반대로 현존재와 공동 현존재가 서로에 대해 늘 적대적인 말과 행동만을 할 수 있는 경우에도 규범은 생길 이유가 없을 것이다. 규범이란 본래 서로에 대해 적대적인 말과 행동을 자발적으로 하지 않을 수 있는 현존재의 가능성에 호소하는 것이기 때문이다.

우선 한 가지 사실을 확인해 두자. 그것은 하이데거가 인간들 사이의 관계가 잠재적·현실적 적대관계에 의해 규정되어야 함을 알면서도 그 진실을 파헤치기를 외면해 버렸다는 것이다. 이러한 사실을 알고 나면 아마 누군가 하이데거의 철학이 일종의 전체주의적 이데올로기와 같은 것이라고 의심하는 사람이 생겨날지도 모르겠다. 하이데거가 나치 정부에 부역한 일이 있다는 사실은 이와 같은 의심을 더욱 강화할 것이다. 그러나 섣부른 예단은 금물이다. 전체주의란 본래 인간들 사이의 관계가 잠재적·현실적 적대관계에 의해 규정되어야 한다는 것을 애써 무시하려는 자가 아니라 도리어 긍정하고 절대화하려는 자의 신조를 가리키는 말이기 때문이다.

전체주의의 관점에서 보았을 때 각각의 개체가 독립적인 존재자로서가 아니라 전체를 위한 부품과도 같은 존재자로서 해석되고 규정되어야 할 이유는 무엇인가? 이러한 물음은 실은 이미 그 자체로서 사태의 본질을 교묘하게 왜곡하고 있다. 전체주의란 각각의 개체가 전체를 위한 부품과 같은 존재자로서 존재한다는 어떤 사실관계에 대한 인식에서 출발하는 것이 아니다. 도리어 그것은 일종의 당위성에 대한 믿음에서 출발한다. 각각의 개체는 기어이 전체를 위한 부품과 같은 존재자가 되어야 한다는 당위성이 그것이다. 물론 당위성이란 그 자신과 어긋나는 현실을 그 자신과 어울리는 것으로서 변화시키고자 하는 의지의 표현이다. 즉 전체주의란 각각의 개체가 전체를 위한 부품과도 같은 존재자로서 존재하지 않는다는 진실에 대한 자각에서 출발하는 것으로서, 각각의 개체를 그 존재 자체에서부터 부정하려는 일종의 이데올로기적 폭력이라고 볼 수 있다.

하이데거의 존재론에서 일종의 전체주의적 이데올로기를 발견하려고 하는 자는 하이데거의 존재론의 정치사적 의의를 그 본질에서부터 왜곡하는 자이다. 1930년대의 독일처럼 나치즘적 이데올로기가 결정적인 승리를 거두고 대다수 사람들의 의식을 잠식해 버린 그러한 사회에 대해서 생각해 보자. 이러한 사회에서는 일상세계 자체가 이미 나치즘에 의해 총체적으로 새롭게 규정되어 있고, 따라서 현존재의 근원적 존재방식의 하나인 일상성 역시 나치즘적 일상성으로 파악될 수밖에 없다. 그러니 하이데거처럼 죽음의 선구성 및 실존의 근본 기조로서의 불안으로 인해 인간 현존재란 언제나 이미 자신의 존재를 일상세계와 근원적으로 무연관적인 것으로서 자각하고 있는 존재자라는 식으로 생각하는 자는 나치즘 및 그 밖의 모든 전체주의적 이데올로기와 불화할 수밖에 없는 자인 셈이다.

하이데거의 문제는 그가 나치즘적 사상을 가지고 있었다는 것에 있는 것이 아니다. 그것은 도리어 나치즘과 불화하고 갈등할 수밖에 없는 자신의 사상을 하이데거가 수미일관하고 철저하게 사유하지 못했다는 점에 있다.

사르트르가 인간들 사이의 관계를 갈등과 투쟁, 대립의 관점에서 고찰했다는 것으로부터 그가 반反-전체주의적 사상가였다는 결론이 따라 나온다는 식으로 생각하는 자는 철학적으로 매우 둔감한 자이다. 유감스럽게도 사상과 철학의 역사 속에서는 학식이 많고 유명하기는 하지만 실제로는 둔감할 뿐인 얼치기 철학자들의 해석과 주장으로 인해 탁월한 사상의 의의가 제대로 드러나지 못하는 일이 끝없이 반복해서 일어난다. 실은 나치들을 비롯한 이런저런 전체주의자들이야말로 인간들 사이의 관계를 무엇보다도 우선 갈등과 투쟁, 대립의 관점에서 고찰하는 대표적인 자들인 것이다.

중요한 것은 사르트르가 왜 갈등, 투쟁, 대립 등을 강조했는지 존재론적으로 옳게 이해하는 일이다. 사르트르에게 인간 현존재란 본래 일상적인 방식으로 서로 협력하며 함께-있음과 서로 대적하며 함께-있음의 한계를 근원적으로 넘어서 있는 존재자이다. 타자와의 존재론적 투쟁이란 일상성의 한계를 초월하고자 하는, 그리고 그럼으로써 자신의 본래적이고 근원적인 존재의 의미를 복권하고자 하는 투쟁이지 일상성의 한계 안에서 머물면서 어떤 일상적 이익을 얻기 위해서로 적대하며 벌이는 투쟁이 아니라는 뜻이다.

사르트르와 다른 방식이기는 하지만 하이데거 역시, 사르트르보다 앞서서, 이러한 존재론적 투쟁의 의미에 눈뜨고 있었다. 하이데거는 원래 모든 종류의 전체주의적 이데올로기를, 그리고 철학적으로 둔감하거나 편협한 자들이 전체주의와 대립적인 것으로서 곧잘 내세우기는 하지만 실은 그 쌍둥이 형제에 불과한 자본주의적 개인주의의 이데올로기를, 철저하게 해체하고 분쇄할 사유의 가능성을 열어 놓아야 했다. 하지만 그는 자신이 애써 열어 놓은 새로운 사유의 가능성의 싹을 스스로 짓밟아 버렸다. 현존재와 세인 사이의 함께-있음은 서로를-위함과 서로를-적대함의 양의성을 지닌다는 것, 그리고 바로 이 때문에 일상세계란 죽음으로 인해 자신의 존재가 일상세계와 근원적으로 무연관적인 것임을 자각할 가능성 자체가 언제나 이미 일상화된 세계라는 것, 규범성이 일상성의 근원적 요소의 하나로서 이러한 존재론적 진실을 언제나 이미 밝히 드러내고 있다는 것 등을 존재론적으로 철저하게 기술하고 밝혀내는 데 하이데거가 무관심하거나 무능력했다는 것이 그 방증이다.

현존재란 자신의 존재론적 굴욕의 근원적 근거인 죽음을 통해, 오직 죽음을 통해서만, 비로소 굴욕을 감내하며 존재하기를 그치게 되는 역설적 존재자이다

어쩌면 하이데거는 규범(성)을 도구(성)의 특수한 사례에 불과한 것으로 간주했을지도 모른다. 현존재와 세인 사이의 관계가 우호성과 적대성의 양의적 관계인 한에서, 일상세계는 제각각 하나의 현존재인 세인들이 서로 맺는 함께-있음의 관계가 적대성에 치우친 것이 되지 않도록 할 필요성을 지닐 수밖에 없다. 규범이란 존재론적으로 이러한 필요성을 해결하는 데 필요한 도구 이상도 이하도 아니다. 규범의 도구성은 현존재로 하여금 공동 현존재를 향한 자신의 적대성을 스스로 억제하도록 함으로써 현존재 자신이 일상세계의 유지에 필요한 도구가 되도록 하는 데 있다. 규범이란 존재론적으로 현존재를 도구로서 존재하도록 몰아세우는 권력의 기제라는 뜻이다.[8]

아마 이러한 존재론적 진실을 이해하는 데 가장 방해가 되는 것은 도덕이 지향하는 바가 자체 목적으로서의 삶의 이상을 실현함이라는 식의 생각일 것이다. 올바른 도덕이란 삶을 자체 목적으로 이해함에서 출발하는 것이 아닐까? 이러한 물음의 바탕에는 규범의 비도구성에 대한 두 가지 믿음이 깔려 있다. 첫째, 자체 목적으로서의 삶의 이념을 확립하고 실현해 나갈 것을 명령하는 도덕적 규범들은 도구로 간주되어서는 안 된다. 둘째, 도덕적 규범들은 삶의 도구화를 막는 데 사용되는 예외적이고 특별한 도구이고, 바로 그러한 점에서 자체 목적으로서의 삶의 이념을 확립하고 실현하는 데 꼭 필요하다.

어떤 철학적·윤리학적 관점을 취하느냐에 따라, 양자는 규범의 성격과 본질에 대한 서로 완전히 다른 두 가지 입장을

---

8 규범이 현존재로 하여금 도구로서 존재하도록 몰아세우는 권력의 기제라는 것은 하이데거가 구체적으로 다루지 못한 두 가지 명제를 함축한다. ① 현존재는 고통과 기쁨의 근원적 처소로서의 살과 몸으로 현존하는 존재자이다. ② 고통과 기쁨의 근원적 처소로서의 현존재의 살과 몸은 현존재가 자신의 존재를 자신이 속한 공동체의 존속과 번영을 위해 필요한 일종의 부품과도 같은 것으로 이해하도록 할 그 가능 근거이기도 하고, 공동체 안에-있음으로 한정될 수 없는 존재론적 안에-있음의 근원적 고유함과 성스러움에 눈뜨도록 하는 그 가능 근거이기도 하다. 전자는 살과 몸으로 현존하는 현존재의 신체가 '파쇼적 신체'로 전환되도록 하는 가능 근거로 해석될 수 있으며, 후자는, 종교적·신학적 표현을 차용하자면, 파쇼적 신체의 근원적 자가당착성과 부조리를 드러낼 '거룩한 신체'로 전환되도록 하는 가능 근거로 해석될 수 있다. 이 점에 대해서는 다음 참조. 한상연(2019) 중 제2부의 두 번째 글, '살/몸 존재로서의 존재사건과 기술권력: 파쇼적 신체 및 거룩한 신체에 관한 성찰 ―미셸 푸코 사상의 존재론적 변용'.

대변하는 것일 수도 있고, 동일한 하나의 입장이나 서로 유사한 두 가지 입장을 대변하는 것일 수도 있다. 전자가 규범이란 근원적으로 구체적 상황 속의 삶을 위한 실천적 관심과 무관하게 무조건 엄수되어야 하는 —신이나 이성의— 명령이라는 관점의 표현인 경우, 양자는 그 의미에서 서로 완전히 다르다. 무조건적인 명령으로서의 규범은 삶의 형이상학적 초월자로서, 혹은 그러한 존재자의 존재에 근거한 것으로서, 삶을 위한 도구이기를 거부하는 것이기 때문이다. 반면 전자가 규범의 절대성을 확립하는 경우에만 규범이 자체 목적으로서의 삶의 이상을 효율적으로 실현해 나갈 도구가 될 수 있다는 관점을 표현하는 경우, 양자는 그 의미에서 같거나 유사하다. 물론 이러한 관점은 현존재가 규범의 도구성에 대한 철저한 무지의 상태에 머물러 있거나, 규범의 도구성을 인지하고 있으면서도 자기기만에 빠져 규범의 도구성을 스스로 부정하는 상태에 머물러 있음을 규범의 효용성의 가능 근거로 보는 셈이다.

존재론적으로 규범의 도구성을 부정하지 않으면서 이러한 의문을 해결하는 가장 손쉬운 방법은 후자의 관점을 받아들이는 것이다. 이 경우 도덕이란 현존재가 자신과 공동 현존재의 삶을 도구가 아니라 자체 목적으로서 이해하도록 하는, 즉 일상적 삶의 도구성을 부정하고 무화하는 방향으로 작용하는, 반反-도구로서의 도구인 셈이다. 그러나 일견 당연해 보이는 이러한 생각의 바탕에는 자체 목적으로서의 삶의 이념 자체가 삶을 도구화하도록 하는 그 근원적 가능 근거라는 점에 대한 무지와 오해가 깔려 있다. 존재론의 관점에서 보면, 자체 목적으로서의 삶의 이념은, 그리고 이 이념에 입각한 모든 도덕적 관념은, 삶의 도구성을 부정하고 무화하는 방향으로 작용하기는커녕 삶을 부단히 순연하게 도구적인 것으로 환원해 버리는 권력의 기제 외에 다른 아무것도 아니라는 뜻이다.[9]

왜, 하이데거가 지적한 바와 같이, 세인들 안에서 함께-있음은 '긴장하며 양의적으로 서로에-대해-주의함, 몰래 서로-엿들음'인지 생각해 보자. 당연한 말이지만, 서로에 대해 순연하게 우호적이거나 반대로 순연하게 적대적인 존재자들은 서로에 대해 양의적이지 않다. 서로에 대해 순연하게 우호적인 경우, 서로에 대해 주의할 필요도, 몰래 서로 엿들을 필요도 없다. 반대로 서로에 대해 순연하게 적대적인 경우, 서로에 대해 주의하거나 몰래 서로 엿듣는 것은 서로에 대한 양

---

9   막스 셸러는 존재의 도구화 및 차별화가 아가페적 사랑을 통해 해소될 수 있다고 본다. Scheler(1923), 63 이하 및 69 이하 참조. 그러나 존재론적으로 보면, 아가페적 사랑의 이념은 현존재가 도구적 의미연관에 의해 특징지어질 일상세계의 비본래성을 자각하도록 할 충분한 근거일 수 없다. 사랑의 이념은 가치의 근거이기도 하고 그 자체로 일상세계에서 궁극적 가치로 작용하고 또 통용되는 것이기 때문이다. 바로 이러한 이유로 사랑은 공적 규범과 도덕규칙의 근거 가운데 하나이며, 이러한 한에서 현존재가 공동체를 위한 하나의 도구가 되도록 몰아세우는 권력의 기제와 무관할 수 없다. 이에 대해서는 다음 참조. 한상연(2018), 302 이하.

의적 관계의 드러남이 아니라 순연하게 적대적인 일의적 관계, 서로 호시탐탐 상대를 완전히 제압할 기회를 노리는 관계의 드러남일 뿐이다. 어느 경우든 도덕과 규범은 불필요하다. 전자의 경우 존재자들은 —'너는 남을 위해 마땅히 ~해야 한다(하지 말아야 한다)'의 형태로 청유하거나 명령을 내리는 규범 없이도— 서로 기꺼이 도울 것이고, 서로를 위한 도구가 되어 줄 것이며, 그 누구를 위한 도구로서 존재함을 자신에게 불리하거나 부당한 것으로 간주하지 않을 것이다. 후자의 경우 존재자들은 서로가 서로에 대해 기회가 될 때마다 폭력을 행사할 뿐이다. 설령 폭력을 금지하는 규범이 있다 해도 효력이 있을 리 만무하다. 내가 너를 해치지 않는 것은, 그것을 금지하는 규범이 있기 때문이 아니라, 다만 그럴 힘이 내게 없거나 그렇게 하려 하는 경우 감수해야 할 위험이 너무 크기 때문이다. 그 밖의 다른 이유는 없다. 별다른 위험 없이 너를 해칠 수 있는 경우 나는 기꺼이, 그리고 당연히 그렇게 할 것이다. 왜 너를 해치는 것은 나에게 기꺼운 일인가? 네가 내게 눈엣가시인 적일 뿐이기 때문이다. 왜 너를 해치는 것은 나에게 당연한 일인가? 나는 되도록 안전하게 살기를 원하기 때문이다. 너를 해치고자 하는 의지는 분명 되도록 안전하게 살고자 하는 나의 욕망에 부합한다. 너는 나의 적대자이며, 따라서 너역시 나를 해치고자 하는 의지를 품고 있을 것이기 때문이다.

세인들 안에서 함께-있음의 양의성은 우호성과 적대성

을 각각 동등한 위상을 지니는 것으로서 통합하는 식의 양의성이 아니다. 개별 상황에서의 심리적 기분과 감정의 관점에서 보면, 적대성보다 우호성이 더 두드러지는 함께-있음도 있을 것이고, 반대로 적대성이 더 두드러지는 함께-있음도 있을 것이다. 그러나 도래할 미래의 관점에서 보면, 적대성이 우호성을 항상 압도한다. 그 이유는 간단하다. 양의적 함께-있음의 관계가 도래할 미래에 지금보다 우호적인 것이 되려면 나는 나를 향한 너의 적대성을, 너는 너를 향한 나의 적대성을 부단히 약화시켜야 한다. 하지만 양의적 함께-있음의 관계가 도래할 미래에 지금보다 적대적인 것이 되려면, 너와 나는 서로에게서 자신을 향한 적대성을 약화하려는 노력을 중지하기만 하면 된다. 그것은 마치 엔트로피 증가의 법칙과도 같다. 양의적 함께-있음의 관계를 보다 우호적인 것으로 바꾸려는 욕망과 의지는 그 자체로 자신의 삶을 향한 욕망과 의지이고, 그 때문에 그 실현이 방해되는 모든 순간은 방해의 요인으로 작용한 어떤 존재자나 특정한 상황에 대한 증오와 분노로 이어질 뿐 아니라, 내가 우호적 관계를 맺으려 애쓰는 그 대상으로서의 너를 향한 은밀하거나 노골적인 적개심을 불러일으키기 마련이다. 우호적 관계 맺음을 향한 욕망과 의지의 실현이 방해됨은 네가 나의 잠재적·현실적 적이라는 것을 드러내기 때문이다. 결국 양의적 함께-있음의 관계에서 나를 위협하는 것은 바로 너이다. 그러니 양의적 함께-있음의 관계를 보다 우호적인 것으로 바꾸려는 나의 욕망과 의지 자체가 너와 나 사이의 근원적으로 적대적인 관계를 드러내는 셈이다. 내가 너와 우호적으로 함께-있으려 마음 씀은 오직 이러한 마음 씀을 통해서만 너와 내가 불구대천의 원수가 되지 않을 수 있기 때문이다. 아니, 어떤 점에서 보면 너는 언제나 이미 나의 불구대천의 원수로 존재해 왔고, 앞으로도 그럴 것이다. 내가 너와 우호적으로 함께-있으려 마음 씀 자체가 너의 존재가 불러일으키는 죽음과 고통의 가능성 앞에서 불안과 두려움, 전율을 느끼기 때문이다. 그런 점에서 너의 존재는 그 자체만으로 나의 존재론적 굴욕의 분명한 표지이다. 규범이 늘 명령의 형태를 띠는 근원적 이유는 오직 너를 향한 나의 굴종을 통해서만, 오직 나를 향한 너의 굴종을 통해서만, 양의적 함께-있음의 관계가 우호적인 것이 될 수 있기 때문이다. 즉, 규범이란 세인과 함께-있음 안에서 서로의 존재로 인해 —그 자신이 세인의 하나일 뿐인— 각각의 일상적 현존재가 겪게 되고 또 겪어야만 하는 굴욕의 드러남 외에 다른 아무것도 아니다.

물론 원한다면, 자기 안에 어떤 순연하게 선하고 아름다운 것이 자기의 내밀한 본질로서 감추어져 있어서, 규범을 통해 드러나는 일상적 현존재의 존재론적 굴욕이 실은 진실한 자기의 승리와 같은 것이라는 식으로 생각할 수도 있을 것이다. 그러나 지금 일상세계에서 공동 현존재와 양의적 함께-있음의 관계를 맺고 있는 현존재의 자기는 일상적 존재자 그 자체일 뿐이고, 그러한 존재자에게 소위 진실한 자기란 무조건적인 명령을 내리는 형이상학적 초월자일 뿐이다. 자신에게 무조건적인 명령을 내리는 형이상학적 초월자로서의 진실한 자기를 끌어들임으로써 양의적 함께-있음의 관계가 드러내는 현존재의 존재론적 굴욕은 줄기는커녕 오히려 배가 된다. 나는 너의 존재가 불러일으키는 불안과 두려움, 전율로 인해 굴욕을 겪을 뿐 아니라 내게 무조건적인 명령을 내리는 소위 진실한 자기로 인해서도 굴욕을 겪는다. 나의 존재란 양의적 함께-있음을 그 근원적 방식으로서 지니는 것인가? 그렇다면 죽음을 향한 나의 시간은 부단히 굴욕을 감내해야 함을 그 근원적 존재방식으로서 지니는 내가 자신의 존재론적 굴욕의 근원적 근거인 죽음을 통해, 오직 죽음을 통해서만, 비로소 굴욕을 감내하며 존재하기를 그치게 된다는 역설을 드러내는 셈이다.

말도로르는 증오를 환기하는 자이며, 그 증오는 존재론적 굴욕의 상황을 극복하고자 하는 의지의 표현이다

단언컨대, 『말도로르의 노래』를 읽고 그 안에 담긴 사유의 본질을 능히 꿰뚫어 볼 수 있는 자는 1억분의 1도 되지 않을 것이다. 그러나 그 까닭은 『말도로르의 노래』를 이해하는 데 어떤 천재적인 재능이 필요하기 때문은 아니다. 그것은 다만 『말도로르의 노래』의 주인공이 매우 희귀한 인간이라는 사실에 기인할 뿐이다. 말도로르를 희귀한 인간으로 만드는 것은 과연 무엇인가? 그것은 그가 자신의 존재론적 굴욕의 근원적 근거인 죽음을 통해서만 비로소 굴욕을 감내하며 존재하기를 그치게 된다는 것을 극명하게 자각하고 있다는 점이다.

말도로르는 "독자여, 그대가 내게 이 작품의 서두에서 환기시키기를 바라는 것은 아마도 증오일 것이다!"[10]라고 선언한다. 전통적인 윤리학의 관점에서 보면 증오는 자기파괴적으로 작용하기 마련이다. 그 바탕에는 매우 단순하고도 분명한 전제가 깔려 있다. 증오는 부정적인 감정이며, 바로 그러한 것으로서 자신을 품고 있는 자에게 파괴적으로 작용할 수밖에 없다는 것이 그것이다. 이러한 전제는 분명 옳다. 그러나 존재론적 관점에서는 그 까닭을 어떤 영원불변하는 인간의 선한 본성 같은 것에서 찾을 수 없다.

인간에게 어떤 영원불변하는 선한 본성이 주어져 있다는 명제는 신이 존재한다는 명제만큼이나 막연하고 모호하다. 신은 대체 무엇을 뜻하는 말인가? 인간이 신에 대해 명확한 관념을 지닐 수 있다면, 신은 관념적으로 표상될 수 있는 존재자인 셈이고, 그런 한에서 신을 신으로서 받아들이도록

10　　로트레아몽(2020), 8.

하는 무한성과 절대성이 무화되고 만다. 반면 인간이 신에 대해 명확한 관념을 지닐 수 없다면, 신에 대한 사유는 신에 대한 다양한 관념들을 끝없이 창조해 내도록 하는 일종의 유희에 지나지 않게 된다. 마찬가지 이야기를 선 내지 선한 본성에 대해서도 할 수 있다. 만약 인간이 순연한 선에 대해 명확한 관념을 지닐 수 있다면, 선은 관념적으로 순연한 선으로 규정될 수 없는 이런저런 말과 행위들을 순연하게 선하지 못한 것으로서 규정할 수 있도록 하는 그 근거인 셈이고, 그런 한에서 이미 모든 —순연하게 선한 말과 행위만을 할 수 없는 현실적인— 인간을 그 존재 자체에서부터 부정하는 역설과 자가당착에 빠지고 만다. 반면 인간이 선에 대해 명확한 관념을 지닐 수 없다면, 선에 대한 사유는 폭력과 잔인성을 극복함으로써 삶을 보존하고 증진하는 방향으로 작용하는 만큼이나, 혹은 경우에 따라서는 그 이상으로, 폭력과 잔인성을 다양한 방식으로 일깨우는 방향으로 작용하게 된다. 선에 대한 명확한 관념을 지닐 수 없는 인간들은 바로 그러한 이유로 선에 관한 다양한 종류의 관념들을 만들어 내게 될 것인데, 선에 관한 각각의 관념은 자신과 상응하지 않는 방식으로 행사되는 모든 말과 행위를 악한 것으로서 규정할 그 근거로 작용하기 마련이다.

　간단히 말해, 다양한 종류의 선의 관념을 창조하는 것은 그 이상으로 다양한 종류의 악을 창조하는 것과 같다. 물론 선을 창조함으로써 악 또한 창조하는 자는 세상에 악을 멸할 욕망과 의지의 씨앗을 뿌리는 자와 같다. 물론 악을 멸할 욕망과 의지란 그 자체로 언제나 이미 악을 행하는 자를 향한 증오와 분노의 원인이자 이유이다.

악을 멸할 욕망과 의지가 증오와 분노의 원인이자 이유라는 것을 숨기는 데 사용되는 가장 전형적인 논리는 늘 형이상학적이다. 인간이란 본래 근원적으로 선한 본성을 지닌 존재자인바, 악을 멸할 욕망과 의지는 악해진 자를 다시 선한 인간으로 되돌리려는 욕망과 의지이고, 그런 점에서 악을 향한 표면적인 증오와 분노의 이면에 진실한 인간애가 숨어 있다는 식의 논리가 그것이다. 물론 이러한 논리는 논리적으로 그 타당성 여부를 판가름하기가 불가능하다. 논리의 출발점이 주관적이고 형이상학적인 믿음이기 때문이다. 다만 한 가지 분명한 것은 이러한 형이상학적 믿음은 그 자체가 모든 현실적 인간을 잠재적·현실적 죄인으로 낙인을 찍도록 하는 그 원인이자 이유라는 점이다. 죄인으로 낙인이 찍힌 자를 벌하며 "나는 죄를 미워할 뿐 사람을 미워하지는 않는다"라고 말하기는 쉽다. 그러나 실제로는 다만 성인군자의 반열에 오른 자만이 진정으로 그럴 수 있다. 성인군자가 아닌 인간들에게 선이란 다양한 방식으로 새로운 형태의 증오와 분노를 창조하도록 하는 그 기제일 수밖에 없다는 뜻이다.

말도로르가 말하는 증오, 그의 주장에 따르면 독자가 그에게 환기하기를 바라는 증오는 최소한 두 가지의 함의를 지닌다. 하나는 선의 이념에 의해 제약되지 않은, 그리고 바로 이러한 의미로 순연한 증오이다. 또 다른 하나는 순연한 증오가 마땅히 파괴의 대상으로 삼아야 할 선의 이념 자체를 향한 증오이다. 말도로르는 독자에게 다음과 같이 묻는다.

"그대가, 아름답고 검은 공중에서, 한 마리 상어처럼, 배를 뒤집고서, 그대가 원하는 만큼, 이루 셀 수 없을 정도로 많은 쾌락에 잠겨, 그대의 넓고도 메마르며 오만한 콧구멍으로, 마치 그대가 그 행위의 중요성과 그대의 정당한 욕망보다 더 적지 않은 중요성을 이해하고 있는 것처럼, 천천히 그리고 장엄하게, 그 증오의 붉은 발산을 냄새 맡지 못할 것이라고 누가 그대에게 말하는가?"[11]

인용문에서 확인할 수 있는 것은 우선 말도로르가 일깨울 증오란, 적어도 말도로르의 관점에서 보면, 그것을 품고 있는 자에게 자기파괴적으로 작용하지 않으리라는 것이다. 아니 엄밀히 말해, 그것은 증오에 의해 어떤 종류의 자기의 한계를 넘어선 또 다른 자기를, 본래적인 의미의 자기란 자신

[11]   로트레아몽(2020), 8 이하.

이 품고 있는 증오에 의해 파괴될 자기와 근원적으로 다르다는 것을 언제나 이미 각성하고 있는 그러한 자기를 가리키고 있다. 증오에 의해 파괴될 자기는 규범성을 그 근원적 요소로서 지니는, 일상성의 한계 안에서 머무르는, 일상적이고 비본래적인 자기이다.

말도로르의 독자가 일상적인 자기의 비본래성을 언제나 이미 각성하고 있는 자라는 것을 어떻게 확인할 수 있는가? 이러한 의문은 그 자체로 철학적 둔감함의 발로일 뿐이다. 물론 그 둔감함은 지능의 부족이 아니라 말도로르적 사유의 희귀성을 올바로 이해할 역량의 부족으로 인해 생겨나는 것이다. 분명 말도로르는 독자 자신이 자기가 읽는 글의 저자에게 증오의 환기를 바랄 것이라고 선언하지 않는가! 왜 말도로르의 독자는 말도로르에게 증오의 환기를 바라는가? 증오를 부정적인 감정으로서 받아들이도록 하는 모든 도덕과 선의 이념이 자신의 존재에게 가해진 존재론적 굴욕의 원인이자 이유임을 자각하고 있기 때문이다.

결국 증오란 증오의 대상에게 고통을 안겨 주거나 파괴하고자 하는 욕망과 의지의 형태로 발현되기 마련이다. 이러한 욕망과 의지가 가슴속에 증오를 품고 있는 자에게 자기파괴적으로 작용하는 까닭은 욕망과 의지가 시키는 대로 행할 역량의 부재 및 그 욕망과 의지를 따르는 경우 자신에게 초래될 어떤 고통스럽고 부정적인 결과에 대한 두려움 때문이다.

물론 원한다면, 일상적 존재자로서의 인간이란 일상세계 안에서 타인과 좋은 관계를 맺기를 원하는 성향 또한 지니기 마련이라는 바로 그러한 점에서, 증오란 선한 자기에 대해 파괴적으로 작용할 뿐이라고 말해도 좋다. 그러나 증오는 언제나 다소간 맹목적이기 마련이고, 맹목적인 증오에 사로잡힌 정신은 선의 이념과 무관해지거나 적대적일 수 있는 잠재적·현실적 가능성의 존재로서 자신의 존재를 헤아리는 법이다. 그러한 정신에게, 그러한 정신이 부단히 일깨우는 증오의 자기에게, 자신의 맹목성을 자신을 위해 위험하고 해로운 것으로 고지함은 동시에 자신이 존재론적으로 굴욕을 당하고 있음을 고지함과 같다. 그러므로 증오의 정신을 지닌 자기가 원하는 것은 선의 이념에 의해 제약되지 않은, 그리고 바로 이러한 의미로 순연한, 증오 자체일 수밖에 없다. 그 까닭은 선의 이념에 의해 제약되지 않은 순연한 증오를 가슴속에 품고 있음이야말로 자신이 규범적 일상성에 의해 자신에게 부단히 가해지는 굴욕을 온전히 극복해 내었음을 알리는 그 표지이기 때문이다.

말도로르에게 이러한 의미의 증오의 환기를 바라는 독자가 아름답고 검은 공중에서, 한 마리 상어처럼, 배를 뒤집고서, 자신이 원하는 만큼, 이루 셀 수 없을 정도로 많은 쾌락에 잠기게 되는 까닭이 바로 여기에 있다. 말도로르의 독자가 한 마리 상어처럼 배를 뒤집고서 떠 있는 공중이 검은 것은 존재론적 굴욕의 근원적 근거로서의 선의 빛이 부재하기 때문이다. 선의 빛이 부재한 공간 속에서 증오의 정신이 느끼게 되는 것은 자기파괴적인 고통이기는커녕 자신이 원하는 만큼의, 이루 셀 수 없을 정도로 많은, 쾌락이다. 말도로르의 독자가 스스로 증오의 정신이 됨으로써 느끼게 되는 쾌락은 단순히 증오의 대상을 파괴했기 때문에 생겨나는 것으로 오인되어서는 안 된다. 말도로르의 독자로서 스스로 증오의 정신이 된 자의 증오가 지향하는 것은 증오의 대상의 파괴가 아니라 증오의 대상을 마음껏 파괴하고 유린할 자유의 실현, 존재론적 굴욕의 자리인 일상세계의 한계 너머로 나아감, 순연하게 규범-초월적인 존재자가 됨 등이다. 그렇기에 그것은 결국 선의 이념 자체를 향한 증오, 지금까지 자신이 겪어 온 존재론적 굴욕의 근원적 원인이자 이유인 선의 이념의 온전한 부정과 파괴를 지향하는 증오인 셈이다.

아마 민감한 독자라면, 말도로르가 환기할 증오에 대해 필자가 진술하는 것이 말도로르 자신의 진술과 일치하지 않는다고 느낄지도 모르겠다. 앞서 필자가 단언한 바에 따르면, 『말도로르의 노래』를 읽고 그 안에 담긴 사유의 본질을 능히 꿰뚫어 볼 수 있는 자는 1억분의 1도 되지 않는다. 그렇다면 말도로르가 말하는 독자란, 즉 그에게 증오의 환기를 바라는 그러한 독자란, 1억분의 1도 되지 않는 희귀한 인간으로 한정된 의미를 지니는가? 이러한 물음에 대한 해명은 로트레아몽이 창조한 말도로르를 존재론적으로 옳게 규정하는 경우에만 가능하다. 말도로르는 누구인가? 말도로르가 1억분의 1도 되지 않는 사람들하고만 소통할 수 있는 자라는 주장으로부터 말도로르가 절대다수의 인간과 전적으로 다르다는 의미로 희귀한 인간이라는 결론이 따라 나온다고 여기는 사람은 문제의 본질을 완전히 비껴가고 있다. 말도로르의 희귀성은 그가 절대다수의 사람들에게 완전한 타자인 자로서 존재한다는 것을 뜻하지 않는다. 말도로르의 희귀성은 다만 결의의 희귀성을 뜻할 뿐이다. 규범이 우리에게 내려지는 일종의 명령으로서의 성격을 지니는 한에서, 그리고 규범의 근거로서 항상 선의 이념이 작용하는 한에서, 일상성의 근원적 요소로서의 규범성은 우리의 자유를 제약하는 것이고, 우리에게 존재론적 굴욕을 안겨 주는 것이며, 그런 한에서 참으로 자유로워지기를 원하는 자에게는 반드시 극복되어야 하는 것이다. 그러나 이러한 존재론적 진실을 깨닫고 전심으로 결의할 자는 매우 적다. 그 까닭은 대다수 인간들에게 이러한 존재론적 진실을 깨닫는 데 필요한 지성이 부족하기 때문이 아니라 두려움 때문이다. 그 두려움은 한편으로, 통념적 관념에서 말하자면, 규범이 우리 안에 양심의 형태로 내면화되었기 때문에 생겨나는 것이다. 그러나 보다 근본적으로는 존재론적 진실을 깨닫는 경우 우리에게서 생성될 ―자신이 처한 존재론적 굴욕의 상황을 단호히 넘어서고자 하는― 욕망과 의지를 자신에게 긍정적인 방식으로 실현할 역량이 대다수 인간들에게 부족하기 때문이다. 그런 점에서 말도로르의 희귀성이 결의의 희귀성이라는 말은 말도로르의 희귀성이 역량의 희귀성이라는 말과 같다.

일상성의 근원적 요소로서의 규범성은 우리의 자유를 제약하는 것이고, 우리에게 존재론적 굴욕을 안겨 주는 것이며, 그런 한에서 참으로 자유로워지기를 원하는 자에게는 반드시 극복되어야 하는 것이라는 필자의 주장은 일종의 악마주의에 입각한 것인가? 혹시라도 그렇게 의심하는 독자가 있다면 말도로르란 일종의 악의 성자라는 것을 기억해 주기를 바란다.

성스러움이란 무엇인가? 이러한 물음에 대해서는 아마 여러 가지 답변이 가능할 것이다. 그러나 성스러움이라는 말의 가장 근원적이고 본래적인 의미는 일상성의 근원적 요소로서의 규범성의 한계를 넘어섬이다. 자유의 제약을 통해 존재할 권리를 얻는 자는 성스러운 자일 수 없고, 스스로 굴욕을 당할 뿐 아니라 자신의 존재 자체를 통해 이웃에게도 굴욕을 감내하도록 몰아세우는 자이다. 모든 종교적 선각자는 바로 이러한 존재론적 진실에 눈뜬 자이며, 희귀할 정도로 단호한 결의로 일상성의 근원적 요소로서의 규범성의 한계를 이미 넘어서 있거나 기어이 넘어서기 위해 전심을 기울이는 자이다.

말도로르가 우리에게 던지는 물음은 종교적 선각자의 성

스러움, 일상성의 근원적 요소로서의 규범성의 한계를 보다 완전하고 아름다운 선을 지향함으로써 넘어서고자 했던 그러한 희귀한 인간의 성스러움조차 우리에게 은밀하고도 교묘한 방식으로 존재론적 굴욕을 겪게 하도록 하는 그 원인이자 이유일 수 있다는 의심으로부터 비롯된 것이다. 필자는 필자의 독자가 악마주의자인지 아닌지 마음 쓰지 않는다. 각자 알아서 판단하라고 말하지도 않을 것이다. 필자가 무슨 말을 하든 결국 각자가 알아서 판단할 것이기 때문이다. 다만 한 가지 분명한 것은 악의 성자인 말도로르에 의해 제기된 존재론적 물음을 해명할 결의를 통해서만 진실로 일상성의 근원적 요소로서의 규범성의 한계를 넘어설 가능성을, 우리 모두가 처한 존재론적 굴욕의 상황의 한계를 극복할 역량을, 발견하고 실현해 나갈 수 있다는 것이다.

말도로르는 『죄와 벌』의 주인공 라스콜니코프보다 존재론적으로 퇴행적인 동시에 더욱 진실하다

말도로르가 마련한 존재론적 의미의 장 안으로 곧바로 들어가는 일은 매우 까다롭기도 하고 위험하기도 하다. 말도로르의 희귀성은 결의와 역량의 희귀성이기도 하기 때문이다. 그러니 그 준비로서 친숙한 이야기 하나를 사례로 삼아 이러한 존재론적 굴욕이 의미하는 바가 무엇인지 조금 더 구체적으로 살펴보도록 하자. 도스토옙스키의 소설『죄와 벌』의 주인공인 라스콜니코프 이야기가 그것이다.

라스콜니코프는 말도로르와 마찬가지로 인간 현존재가 일상세계의 규범으로 인해 겪게 되는 존재론적 굴욕을 이겨내고자 하는 결의를 지닌 인물로서 창조되었다. 그런데도 낯설고 터무니없을 정도로 극단적인 느낌을 주는 말도로르와 달리 라스콜니코프가 독자에게 친숙한 느낌을 주는 까닭은 크게 세 가지이다. 첫째, 라스콜니코프의 결의는 논리적으로 비교적 알기 쉽고 명석하게 진술되었다. 둘째, 라스콜니코프의 결의를 논리적으로 진술하는 데 그 근거로 작용한 세계관은 무신론, 유물론, 초인사상 등 식자층에게 비교적 잘 알려진 세계관으로 파악되는바, 그 때문에, 설령 라스콜니코프의 사고방식에 동의하지 않는 독자라고 하더라도, 라스콜니코프를 친숙한 세인들 가운데 하나로 받아들이기 쉽다. 셋째, 라스콜니코프는, 세계사적 개인이 되고자 하는 그 자신의 결의에도 불구하고, 자신의 행위가 불러일으킬 결과에 대해 무책임한 인간이 아니며, 그런 한에서 여전히 규범성의 한계 안에서 사유하고 행위하는 것으로 보인다.

주의할 점은 라스콜니코프의 친숙함이 그를 말도로르보다 덜 문제적으로 만들지 않는다는 것이다. 이 점을 잘 이해하기 위해서는 라스콜니코프가 본래 냉소적인 인간이라는 것, 그리고 그 냉소적인 경향은 차가운 가슴 때문이 아니라 존재론적 굴욕을 이겨 낼 인간 현존재의 역량의 결여에 대한 날카로운 각성 때문에 생겨난 것이라는 것을 우선 분명히 해 둘 필요가 있다.

우선 라스콜니코프를 친숙하게 여기게 하는 세 가지 이유 가운데 첫 번째와 두 번째에 주목해 보자. 첫째 이유, 즉 라스콜니코프의 결의가 비교적 알기 쉽고 논리적으로 명석하게 진술된 것은 기본적으로, 둘째 이유, 즉 그 근거로 작용한 세계관이 무신론, 유물론, 초인사상 등 식자층에게 비교적 잘 알려진 세계관이라는 것에 기인한다.

사람들은 자신이 이미 잘 알고 있는 관점에 의거한 주장을 그렇지 않은 주장보다 더 알기 쉽고 논리정연하다고 느끼기 마련이다. 물론 이러한 느낌이 항상 올바르다는 보증은 없다. 경우에 따라서는 대다수의 사람들이 혼란스러워하는 주장이 실은 매우 정교하고 세밀한 논증에 의해 뒷받침되는 것일 수도 있다. 그러나 왜 독자에게 하나의 진술이 다른 진술보다 더 친숙하게 여겨지는지 묻는 경우 이러한 사례는 별로 중요하지 않다. 실제로는 아무리 정교한 논증을 담고 있는 주장이라고 하더라도 대다수의 사람들에게 혼란스럽고 불명료한 주장이라는 느낌을 줄 수 있다는 것은 틀림없는 사실이다. 설령 말도로르의 여러 주장이 최고도로 섬세한 논증에 입각한 것이라고 하더라도, 대다수의 독자들이 그 주장의 의미를 잘 파악하지 못하고 혼란스러워한다는 사실이 바뀌는 것은 아니다. 라스콜니코프의 주장들은, 적어도 『죄와 벌』을 큰 무리 없이 읽을 만큼의 인문학적 소양을 갖춘 사람에게는, 말도로르의 주장들보다 분명 훨씬 더 논리정연하고 친숙한 느낌을 준다.

그 친숙함의 존재론적 의의가 무엇인지 구명하기 위해서는 우선 라스콜니코프의 진술을 통해 드러난 세계관이 식자층에게만 친숙한 것인지 아니면 모든 인간 현존재에게 공통되게 친숙한 것인지 따져 볼 필요가 있다. 만약 전자의 경우라면 라스콜니코프의 친숙함은 식자층으로 분류될 수 있는 특별한 자들에게만 적용될 수 있는 의미의 친숙함이라는 결론이 나온다. 하지만 후자의 경우라면 라스콜니코프의 친숙함은 모든 인간 현존재에게 포괄적으로 적용될 수 있는 친숙함이라는 결론이 나온다. 필자가 라스콜니코프의 진술을 통해 드러난 세계관이 식자층에게 친숙한 것이라고 언명한 이유는 라스콜니코프의 진술이 제법 세밀한 논증의 형태를 띠고 있기 때문이다. 여기서 존재론적으로 해명되어야 할 것은 라스콜니코프의 논증이 현존재가 자신의 현사실적 삶에 대해 지니는 어떤 기본적이고도 근원적인 이해로부터 필연적으로 생성될 수밖에 없는 사유의 논증으로서 파악될 수 있는가라는 물음이다.

물론 '필연적'이라는 말을 소위 객관적 법칙성 같은 것을 전제로 하는 말로 오인해서는 안 된다. 그 누군가를 살해할 의지를 품고 있는 자에게 붉은색은 필연적으로 피를 상징하기 마련이다. 또한 피는 필연적으로 생명과 죽음, 생명의 인위적 박탈 등 여러 상이하거나 심지어 상반된 의미를 띠게 된다. 그 누군가를 칼로 찌르거나 도끼로 내리치는 경우 피격당한 자의 몸으로부터 흘러나오는 피는 우선 생명을 뜻한다. 결국 생명이 있는 것만이 피를 지닐 수 있고, 피를 흘릴 수도 있는 것이다. 그러나 그것은 동시에, 그리고 역시 필연적으로, 죽음, 생명의 인위적 박탈을 뜻하기도 한다. 결국 피란 본래 눈에 띄어서는 안 될 것으로서 존재하는 것이기 때문이다. 피의 붉음을 봄은, 그리고 그 피가 자신이 그 누군가에게 가한 타격으로 인해 생겨난 상처로부터 흘러나온 것임을 자각함은, 생명의 상징인 피(의 붉음)가 그 자체로서, 즉 붉은 피로서, 눈에 띄게 되는 순간이 곧 죽음 및 생명의 인위적 박탈의 순간이라는 것을 발견함과 같다. 그러나 사유의 전개과정 속에서 발견되는 이러한 종류의 필연성은 소위 객관적 법칙성 같은 것과는 아무 상관도 없다. 그러한 발견은 무언가 객관적인 것에 관한 것이 아니라 인간 현존재의 근원적인 삶의 방식에 관한 것이다. 그것은 오직 자신의 존재를 삶 및 죽음과의 관계 속에서 이해할 역량을 지닌 존재자의 존재에 근거해서만 가능한 발견이며, 그런 한에서 현상적인 것이고, 현상적인 것으로서 본래 사물-아님으로서의 무에 속한 것이다.

우선 라스콜니코프의 진술이 초인사상을 담고 있는 것인지 살펴보자. 라스콜니코프가 원하는 것은 스스로 세계사적 개인이 되는 것이며, 세계사적 개인의 가장 근본적인 특징은 평범한 사람들과 달리 일상세계를 지배하는 규범으로부터 자유롭다는 점이다. 평범한 사람이라면 단 한 사람을 죽이고도 양심의 가책이나 불안, 두려움 등에 사로잡히지만, 세계사적 개인으로 성장할 비범한 인간은, 예를 들어 나폴레옹 같은 소위 전쟁영웅의 경우처럼, 수십만, 수백만의 인간을 살해하고도 당당한 그 자신으로 남을 뿐이다. 달리 말해 비범한 인간은 평범한 인간과 달리 일상세계를 지배하는 규범으로부터 자유로운 경향을 보이기 마련이고, 그 정도는 그의 비범함의 정도에 비례한다. 그러니 라스콜니코프의 진술은 적어도 평범한 사람들의 한계를 넘어선다는 의미의 초인사상 정도는 담고 있는 셈이다. 그리고 이러한 의미의 초인사상은 필연적으로 유물론적이고 무신론적인 경향을 띨 수밖에 없다. 무수한 인간을 살해해도 불안과 두려움에 사로잡히는 일 없이 자기 자신으로 당당하게 남을 수 있는 자는 물론 신을 두려워하지 않는 자이며, 자신의 계율을 어긴 자에게 두려움을 불러일으킬 수 없는 신은, 적어도 신을 두려워하지 않는 자에게만큼은, 신으로서의 존재의미를 이미 잃어버린 셈이다. 입으로 자신은 신을 믿는다고 고백하는 자라고 하더라도 일상성의 근원적 요소로서의 규범성의 한계 밖으로 단호히 나아가는 자는 규범의 근거를 절대자로서의 신으로 여기지 않는 자인 셈이다. 물론 원한다면 악마를 숭배하는 자로서 비범한 인간은 신의 존재를 믿거나 알면서도 신을 거스르기 위해 수십만, 수백만의 인간을 살해하고도 기어이 당당한 그 자신으로 남으려 한다는 식으로 논의를 비틀어 볼 수도 있다. 그러나 그렇게 해도 달라지는 것은 아무것도 없다. 악마의 숭배자로서 신과 대적하기를 원하는 자는 신과의 싸움에서 이길 수 있을 것이라고 믿는 자이고, 그런 한에서 그에게 신은 이미 절대자로서의 위상을 잃어버린 셈이다. 거칠게 말해, 악마주의란 본래 무신론과 유물론의 신비주의적 형태 외에 다른 아무것도 아니다.

이제 세 번째 이유, 즉 라스콜니코프는, 세계사적 개인이 되고자 하는 그 자신의 결의에도 불구하고, 자신의 행위가 불러일으킬 결과에 대해 무책임한 인간이 아니며, 그런 한에서 여전히 규범성의 한계 안에서 사유하고 행위하는 것으로 보인다는 점에 대해 생각해 보자. 라스콜니코프가 여전히 규범성의 한계 안에서 사유하고 행위하는 자라는 점은 무엇보다도 우선 그가 전당포 노파를 살해할 대상으로 정했다는 점에서 알아낼 수 있다. 이상하게 들릴지는 모르겠지만, 바로 이 지점에서 라스콜니코프는 신약성경 속의 예수와 유사한 면을 보인다.

마태복음 제5장의 산상수훈에 따르면, 예수는 "네 이웃을 사랑하고 네 원수를 미워하라"라는 윤리적 명령을 거부하고, 도리어 "너희 원수를 사랑하며 너희를 박해하는 자를 위해 기도하라"라고 명령한다. 그런 예수가 예루살렘 성전에서 단호히 환전상을 몰아내었다. 원수를 사랑하라고 권면하는 예수조차도 이웃을 착취의 대상으로 삼는 환전상은 용납하지 않고 폭력을 행사한 것이다. 마찬가지의 이야기를 라스콜니코프에 대해서도 할 수 있다. 전당포 노파 알료나는, 환전상처럼 터무니없이 높은 이윤을 추구하며 사람들을 착취한다는 이유로, 모질고 악랄하기로 소문이 나 있었고, 이것을 근거로 삼아 라스콜니코프는 알료나를 살해하는 것을 윤리적으로 정당화한다. 일상세계에서 통용되는 법과 도덕의 관점에서 보면, 알료나는 분명 살인자와 같은 범죄자가 아니다. 그 때문에 그녀를 죽일 정당한 이유 역시 있을 수 없다. 그런데도 라스콜니코프는 전당포 노파 알료나를 흉악한 범죄자보다도 더욱 죽임당해 마땅한 유형의 인간으로 파악한 것이다.

원한다면 라스콜니코프의 생각을 일종의 공리주의적 관점에 입각한 것으로 해석해도 좋을 것이다. 라스콜니코프에게 알료나를 죽이는 것이 윤리적으로 정당화될 수 있는 까닭은 그 결과가 많은 사람에게 오히려 좋기 때문이고, 따라서 —예컨대 칸트식의 윤리관에서는 정당화될 수 없는— 라스콜니코프의 행위는 공리주의적 관점에서는 정당화된다. 그러나 환전상을 예루살렘 성전에서 몰아낸 예수와 전당포 노파를 살해한 라스콜니코프의 유사성 내지 공통점은 단순히 공리주의적 세계관 같은 것으로 규정될 수 없다.

자신이 환전상과의 거래에서 손해를 본 가난한 유대인이라고 상상해 보라. 폭리를 취하는 환전상이 밉기는 하겠지만 그래도 원수만큼은 아니다. 환전상과 거래하며 손해를 감수해야 하는 것은 예루살렘 성전에 번제로 바칠 비둘기를 살 때뿐이고, 가난해서 비둘기 살 돈을 배로 내는 것이 매우 아깝고 쓰리기는 해도, 환전상이 부모, 형제, 아내 등을 해친 원수보다 내게 더 큰 손해를 끼쳤다고 말하기는 어렵다. 그렇다면 내게 원수조차 사랑해야 한다고 가르친 예수는 왜 환전상에게 폭력을 행사했을까? 하나님의 거룩한 성전을 이윤을 낼 거래공간으로 취급함으로써 사람들에게서 경건하게 하나님과 소통할 기회를 앗아 가 버렸기 때문이다. 즉 환전상에 대한 예수의 분노는 사람이란 마땅히 경건하게 하나님과 소통할 권리를 지녀야만 한다는 생각으로부터 나온 것이고, 그런 점에서 단순한 공리주의적 관점이 아니라 인간의 근원적이고 본래적인 존재방식에 대한 신앙적 이해가 예수의 분노의 근원적인 이유라고 할 수 있다.

전당포 노파를 살해의 대상으로 정한 라스콜니코프에 관해서도 이와 유사한 이야기를 할 수 있다. 분명 라스콜니코프의 논증은 공리주의적 논증의 형태를 띠고 있다. 악랄한 전당포 노파를 죽이는 것이 장차 노파에게 시달리게 될 많은 사람들을 위해서는 분명 더 나은 일이 될 것이라는 식이다. 그렇다면 전당포 노파의 악랄함이란 구체적으로 무엇을 의미하는가? 그것은 분명 살인강도의 흉폭함과는 다른 것이다. 전당포 노파가 사람들에게 끼치는 손해는 살인강도가 사람들의 몸에 상해를 가하거나 심지어 죽임으로써 그 피해자에게 생겨나는 손해와 같은 것이 아니라는 뜻이다. 살인강도와 그 밖의 사람들 사이의 관계는 직접적이고 인격적인 관계이다. 자신을 사랑해 주는 자를 통해 인간의 인격성에 사랑을 주고받을 수 있는 가능성과 역량이 포함되어 있음을 배우고, 자신을 미워하는 자를 통해, 자신에게 폭력을 휘두르는 자를 통해, 자신을 죽이려 시도하는 자를 통해 인간의 인격성에 미움을 주고받을 수 있는 가능성과 역량이, 폭력을 주고받을 수 있는 가능성과 역량이, 죽이거나 죽임당함으로써 자신의 선택과 무관하게 존재하게 된 인간의 생명을 스스로 선택적 의지를 발휘해 무로 돌릴 수 있는 가능성과 역량이 포함되어 있음을 배운다. 그러나 전당포 노파의 계산적 사유는 본질적으로 비인격적인 것이고, 그의 악랄함은 —사람들로 하여금 타인과 미움, 폭력 등을 주고받을 수 있는 가능성과 역량이 인간의 인격성에 근원적으로 포함되어 있다는 것을 알게 하는 살인강도의 흉폭함과 달리— 인격성으로부터 탈각脫却하도록 몰아세움을 뜻할 뿐이다.

바로 이 지점에서 예수와 라스콜니코프 사이의 가장 근

본적이고도 중요한 유사성이 발견된다. 예수에게 환전상을 향한 폭력은 하나님과의 경건한 소통을 가로막는 부당한 제도와 형식적 규범에 대한 분노의 표현이기도 하다. 그것은 하나님과 경건하게 소통할 인간의 권리란 인간사회의 어떤 제도나 규범에 의해서도 제약될 수 없는 것이라는 선언인 것이다. 라스콜니코프는 왜 스스로 세계사적 개인이 되기를 원했는가? 인간이란 본래 인간사회의 제도나 규범에 의해 제약되지 않고 살아갈 권리를 지니는 존재라고 여겼기 때문이다. 전당포 노파를 살해하고자 하는 라스콜니코프의 결의는 전당포 노파와 같은 인간이야말로 제도와 규범에 의한 제약이 수많은 사람들로 하여금 비참하고 굴욕적으로 살도록 하는 그 원인임을 방증한다는 생각으로부터 비롯된 것이다.

결국 합법적으로 전당포를 운영하며 사람들을 착취하는 알료나 같은 인간은 제도와 규범의 한계를 넘어서기를 두려워하는 대다수 인간들의 소심함과 무능력 때문에 소멸되지 않는 것이다. 즉 알료나의 존재는 제도와 규범이 결코 절대적인 것일 수 없음을, 그 이념적 근거인 정의에 상응하는 방식으로 작용하기는커녕 대다수 인간들에게 굴욕과 복종을 강요하도록 하는 방향으로 작용하기 쉬운 것이라는 것을 드러낸다. 그러니 이러한 문제를 해결하기 위해서는 제도와 규범의 한계를 넘어설 인간의 권리를 긍정하고 단호히 그 권리에 상응하는 방식으로 살아가야 한다.

예수에게는 하나님과의 경건한 소통이 인간의 근원적인 존재방식에 속한다면, 라스콜니코프에게는 제도와 규범에 의해, 그리고 제도와 규범의 이념적 근거인 정의를 이윤을 추구하는 데 전용함으로써 무화시켜 버리는 알료나 같은 자들에 의해 굴욕당하지 않고 자유롭게 살아감이 인간의 근원적 존재방식에 속한다. 아니, 어떤 의미로 인간의 근원적 존재방식에 대한 라스콜니코프의 이해는 예수의 사상에 대한 무신론적 확장이자 일반화라고 할 만하다. 하나님과의 경건한 소통이 인간의 근원적인 존재방식에 속한다는 예수의 생각은 오직 경건한 자에게만, 하나님의 존재를 전심으로 받아들일 마음의 준비를 하려는 자에게만 통용된다. 그럼에도 그것은 라스콜니코프의 무신론적 견해를 통해 제시된 근본 명제들과 논리적으로 같은 뜻을 지니는 것으로서 일반화될 수 있다. 하나님과의 경건한 소통이 인간의 근원적인 존재방식에 속한다면, 하나님과의 경건한 소통을 가로막는 모든 제도와 규범은 자신의 근원적 존재방식에 상응하는 방식으로 살지 못하도록 인간 현존재를 몰아세우는 셈이고, 그런 한에서 이미 그 자체로 인간 현존재가 일상세계에서 겪게 되는 존재론적 굴욕의 원인이자 이유인 것이다.

　　주의할 점은, 세계사적 개인이란 어떤 보편타당한 정의를 실현하려는 의지를 통해 시대의 한계를 넘어서는 자로 국한되지 않는다는 것이다. 세계사적 개인은 그저 비범하고 창조적인 개인일 뿐이다. 그는 자신이 마땅히 복종해야만 하는 어떤 정의의 관념에도 마음이 얽매임이 없이 자신이 원하는 방식대로, 창의적인 상상력과 비범한 실천적 의지를 발휘해서, 낡은 세상을 파괴하고 새로운 세상을 건립할 뿐이다. 그런 점에서 세계사적 개인은 본질적으로 반反-도덕적이고, 또한 비非-도덕적이다. 그럼에도 스스로 세계사적 개인이 되고자 하는 라스콜니코프의 결의 자체는 도덕과 무관하지 않다. 인간의 삶을 제약하고 구속하는 도덕에 대해서는 반-도덕적이고 동시에 비-도덕적인 특성을 띠지만, 인간이란 ─혹은 적어도 스스로 세계사적 개인이 될 만큼 비범하고 창의적인 소수의 인간이란─ 마땅히 인간의 삶을 제약하고 구속하는 도덕의 한계를 넘어서야 한다고 여겼다는 점에서는 분명 일종의 도덕적 당위성을 지향하기 때문이다.

라스콜니코프가 세계사적 개인과 달리 규범성의 한계 안에서 사유하고 행위하는 인간이라는 것은 그가 '아직은' 세계사적 개인과 다른 범주의 인간, 즉 평범한 인간이라는 것을 뜻한다. 그것은 우선 그가 죽여도 좋은 인간을 고르려 마음을 쓴다는 점에서 드러난다. 라스콜니코프의 생각이 옳다면, 세계사적 개인은 평범한 사람들과 달리 무수히 많은 사람들을 죽이고도 양심의 가책을 받지 않는다. 이것은 곧 세계사적 개인이란 위대한 업적을 이루는 과정 속에서 그에 의해 죽임을 당하는 사람들 가운데 도덕적으로 죽임당해야 할 이유가 없는 사람들이 섞여 있어도 개의치 않는 인간이라는 뜻이다. 그러니 세계사적 개인은 위대한 과업을 창의적이고 능률적으로 이루어 나가는 데 전념할 뿐, 자신의 행위를 통해 죽을 사람들이 죽어 마땅한 자들인지 아닌지 따지지 않을 것이다. 하지만 라스콜니코프는 죽어 마땅한 자를 엄선하려 했고, 그럼으로써 자신이 아직 세계사적 개인이 아니라는 것을 스스로 드러냈다.

예컨대, 전당포 노파 알료나의 여동생 리자베타를 도끼로 죽이고 난 뒤 라스콜니코프의 마음속에서 밑도 끝도 없이 떠오르는 생각들도 세계사적 개인이 할 법한 생각들은 아니다. 그는 이 뜻하지 않은 살인을 정당화하려 애쓴다. 아니, 엄밀히 말해 그는 스스로 애쓰는 것이 아니라 애를 쓰게끔 끝없이 내몰린다. 그는 분명 세계사적 개인이 되기를 원하고 있고, 그가 말하는 세계사적 개인의 특징 가운데 하나는 업적을 이루는 과정 속에서 일어나는 평범한 사람들의 죽음에 대해서 마음을 쓰지 않는다는 것이다. 그러니 세계사적 개인이 되기를 원하는 라스콜니코프는 자신이 리자베타를 죽인 것에 대해 마음 쓰지 말아야 하고, 그런 점에서 라스콜니코프의 주체적 의지는 마음 쓰지 않으려는 의지로 규정될 수 있다. 그러나 그는, 원하지 않음에도 불구하고, 끝없이 마음 쓴다. 왜 그는, 원하지 않음에도 불구하고, 끝없이 마음 쓰게 되는가? 그의 정신 자체가, 비록 의도적으로는 규범의 한계를 넘어서

95

려 하지만, 일상성의 근원적 요소로서의 규범에 의해 잠식되어 있기 때문이다. 그는 내몰리는 자이고, 의도적으로는 분명 규범의 한계를 넘어서려 애쓰는 자이지만, 실제로는 바로 이러한 초월에의 의지로 인해 필연적으로, 반복해서, 일종의 존재론적 굴욕을 겪게 되는 자이다.

왜 라스콜니코프의 굴욕은 필연적인가? 그 이유는 두 가지 상반된 관점에서 각각 다른 방식으로 설명될 수 있다. 하나는 라스콜니코프가 '아직' 세계사적 개인이 아니라는 점에 착안해서 그가 '아직' 초월에의 의지를 실현할 역량을 충분히 지니지 못하고 있기 때문이라고 설명하는 것이다. 물론 여기서 '아직'이란 결과의 예단을 허용하지 않는 '아직'이다. 라스콜니코프가 장차 세계사적 개인이 될 수 있을지 없을지는 별 상관이 없다. 설령 그가 장차 세계사적 개인이 된다고 하더라도 그가 '아직' 세계사적 개인이 아니라는 사실도, '아직' 세계사적 개인이 아닌 자는 세계사적 개인으로서의 역량을 충분히 갖추고 있지 못한 자라는 사실도 바뀌지 않기 때문이다. 또 다른 하나는 초월에의 의지란 지금의 자신을 부정하고 지금의 자기-아닌 그 무엇이 되고자 하는 의지이기 마련이라는 점에 착안해서 초월에의 의지 자체가 굴욕을 필연적으로 만든다고 설명하는 것이다. 왜 지금의 자신(의 한계)을 넘어서려는 자는 필연적으로 굴욕을 겪을 수밖에 없는가? 지금의 자신(의 한계)을 넘어서려는 의지 자체가 하나의 새로운 규범성으로서 작용하기 때문이다. 지금의 자신(의 한계)을 넘어서려는 의지를 지닌 자는 지금의 자신(의 한계)은 마땅히 극복되어야 한다는 당위성의 의식을 지닌 자이고, 그런 한에서 자신에게 모종의 도덕적 의무를 스스로 부과하는 자이다. 그는 미래의 자기를 위해 지금의 자기에게 굴욕을 선사해야 하는 자이며, 동시에 새로운 형태의 당위성과 규범성의 한계 안에서 움직이도록 스스로 결의하는 자이다.

우리는 앞에서 자신의 독자가 자신에게서 원하는 것이 증오의 환기일 것이라는 말도로르의 생각이 어떤 의미를 지니는지 살펴보았다. 이제 라스콜니코프의 굴욕에 대한 해명을 염두에 두면서 말도로르가 말하는 증오의 환기가 존재론적으로 어떤 의미를 지니는지 조금 더 구체적으로 살펴보도록 하자.

말도로르에 의해 증오가 환기되면, 독자는 아름답고 검은 공중에서, 한 마리 상어처럼, 배를 뒤집고서, 자신이 원하는 만큼, 이루 셀 수 없을 정도로 많은 쾌락에 잠기게 된다. 증오가 자라나는 곳은 어디인가? 물론 일상세계 안에서 일상적인 방식으로 삶을 꾸려 나가는 독자의 마음속이다. 사랑을 향한 의지와 마찬가지로 증오를 향한 의지가 가장 구체적이고도 직접적인 대상으로 삼는 것은 공동 현존재이며, 공동 현존재는 자신과 함께 일상세계-안에-있는 존재자이기 때문이다. 그런 점에서 말도로르에 의해 증오가 환기되기를 바라는 자의 욕망은, 증오를 환기하려는 말도로르의, 혹은 말도로르를 닮고자 하는 자의 의지는, 단순히 일상성의 한계를 극복하고자 하는 것으로 파악될 수 없다. 한편 이러한 욕망과 의지는 분명 일상성의 한계를 넘어서고자 하는 욕망과 의지이다. 규범성이 일상성의 근원적인 요소이고, 그렇기에 증오를 환기하려는 욕망과 의지는 본질적으로 규범성을 요소로서 지니는 일상성의 한계를 넘어서고자 하는 욕망과 의지일 수밖에 없는 것이다. 그러나 그것은 동시에 일상세계에서 일상적인 방식으로 자라나는 증오를 환기하고자 하는 욕망과 의지이다.

왜 일상성은 규범성을 근원적인 요소의 하나로서 지니는가? 그 이유 가운데 하나는 증오와 분노가 일상세계 안에서 일상성의 근원적 요소로서 끝없이 일어나기 때문이다. 규범이란 결국 —권력이 원하지 않는 방식으로 행사되는— 폭력을 막기 위한 것이고, 폭력이란 근본적으로 증오와 분노, 욕망의 실현을 방해하는 것을 제거하고자 하는 의지 등에 의해 생겨나는 것이다. 그러니 규범성이 일상세계의 근원적 요소라는 것은 동시에 증오와 분노가 일상세계의 근원적 요소라는 것과 같다.

결국 말도로르에 의한 증오의 환기는 일상적인 것을 통해 일상성의 한계를 넘어서고자 하는 욕망과 의지의 한계이고, 그런 점에서 라스콜니코프가 필연적으로 겪어야만 하는 굴욕과 기본적으로 무관하다. 세계사적 개인이 되기를 원하는 라스콜니코프의 욕망과 의지는 '아직' 세계사적 개인이 아닌 일상적 존재자의 욕망과 의지이고, 그런 점에서 라스콜니코프는 '아직' 평범한 현존재의 자기로서 생각하는 자이다. 그러나 말도로르는, 말도로르에 의해 증오가 환기되기를 기대하는 말도로르의 독자는, 일상세계의 한계 밖으로 나가기를 기대하는 것도 아니고, 평범한 인간으로 남기를 거부하는 것도 아니며, 평범한 인간이 일상성의 한계를 넘어설 수 없다고 비난하는 것도 아니다. 증오와 분노 자체가 일상성에 속한 것이기 때문이다.

규범이란 결국 금지하는 명령이다. 왜 평범한 인간은 금지하는 명령으로서의 규범의 지배를 받아야 하는가? 규범이 하지 말라 명하는 것을 기꺼이 할 수 있는 가능성을 지니고 있기 때문이다. 물론 자신이 기꺼이 하고자 하는 것을 하게 되면, 그것도 규범 앞에서의 두려움과 불안을 이겨 내고 하게 되면, 응당 쾌감이 생겨나기 마련이다. 결국 욕망이란 그 실현을 통해 쾌감을 생산하는 것을 가리키는 말이기 때문이다. 그렇기에 말도로르에 의해 증오가 환기되는 순간 그의 독자가 머물게 될 아름답고 검은 공중은 진리와 선의 빛이 사라진 곳으로서의 비일상적인 공간을 상징하는 것이 아니라 도리어 바로 그러한 곳으로서 지극히 일상적인 증오와 분노의 힘으로 지극히 일상적인 규범성의 한계를 넘어선, 그리고 그 때문에 여전히 일상적인 존재자로 남는, 그러한 현존재에게 새롭게 마련된 일상적인 공간, 아니 일상세계 자체를 상징한다. 그 지극히 일상적인 아름답고 검은 공간 속에서 말도로르의 독자는 마치 한 마리 상어처럼 머문다. 상어는 무엇을 상징하는가? 한마디로, 상어는 일상성의 한계 안에서 일상성의 한 요소로서의 규범성의 한계를 넘어서도록 하는 잔혹성의 상징이다. 규범성의 한계를 넘어선 채 여전히 일상적인 존재자로 남는 현존재는, 규범성이 제시하는 삶의 목적과 방향성이 사라졌다는 점에서, 맹목적이 된 자일 뿐 아니라 자신의 존재의 맹목성을 기꺼이 받아들이는 자이기도 하다. 결국 증오와 분노란 증오와 분노의 대상을 파괴하고자 하는 맹목적인 욕망과 의지를 낳는 것일 수밖에 없다. 아직 맹목적이지 않았을 때, 규범성이 현존재의 삶에 특정한 목적과 방향성을 부여했을 때, 증오와 분노가 낳는 맹목적인 욕망과 의지는 그 실현을 금지당했고, 그럼으로써 욕망과 의지의 실현을 통해 생겨날 쾌감 역시 생겨날 수 없었다. 그러니 쾌감을 원하는 자에게 욕망과 의지의 맹목성은 저주이기는커녕 축복이다. 그것은 일상세계 안에서 지극히 일상적인 방식으로 무한대의 쾌감을 맛볼 가능성이 주어지도록 하는 그 근원적인 근거인 것이다.

존재론적 굴욕의 극복이라는 관점에서 보았을 때, 말도로르는 라스콜니코프보다 한층 진일보한 자일까? 그렇기는커녕 말도로르는 라스콜니코프보다 매우 퇴행한 자이다. 다만 말도로르의 퇴행은 말도로르의 사유를 무가치하고 무의미한 것으로 만들지 않는다. 말도로르의 퇴행은 그의 사유와 행위가 극단적인 편향성을 띠고 있기 때문인바, 바로 이 극단적인 편향성이 말도로르를 존재론적으로 도리어 진실한 현존재가 되게끔 한다.

왜 말도로르는 퇴행한 자인가? 그가 환기하고자 하는 증오 자체가 제도와 규범의 근원적 가능 근거이기 때문이다. 우리는 앞에서 인간 현존재가 그 누군가를, 혹은 그 무엇을, 증오할 수 있기도 하고 또 기꺼이 증오하려 하기도 하기 때문에 증오에 의거한 행위를 금기시하는 규범이 인간 현존재에게 굴욕적이라는 것을 확인했다. 하지만 이것은 동시에 인간 현존재란 제도와 규범에 의해 존재론적 굴욕을 겪게 되지 않는 경우 결국 자기파괴적이 될 수밖에 없다는 뜻이기도 하다.

말도로르의 사유가 암시하는 자신을 위해 순연히 긍정적이기만 한 인간 현존재란, 그러한 인간 현존재가 존재할 수 있다는 것을 전제하는 경우, 필연적으로 몇 가지 조건을 갖추어야 한다. 첫째, 그는 순연한 사디스트로서 오직 파괴하고 지배할 뿐, 결코 파괴되거나 지배당하지 않을 만큼 강해야 한다. 자신을 증오하는 타자에 의해 파괴되거나 지배되는 경우, 증오의 환기란 그에게 자신이 겪어야 할 존재론적 굴욕과 자기부정의 근거 및 이유와 구분할 수 없는 것이 되기 때문이다. 둘째, 만약 그가 첫째 조건을 갖추지 못하는 경우, 그는 순연한 사디스트와 순연한 마조히스트의 완전한 통일체로서 존재해야 한다. 간단히 말해, 자신이 증오의 대상을 파괴하거나 지배할 때는 순연하게 기쁨과 쾌락만을 느껴야 하고, 반대로 자신을 증오하는 그 누군가에 의해 파괴되거나 지배될 때는, 증오의 환기를 자신의 존재를 위해 부정적인 것으로 여기지 않으려면, 자신이 파괴되고 지배되는 순간을 순연한 기쁨과 쾌락으로 맞이해야 한다. 셋째, 앞의 두 조건 중 하나를 갖추는 경우에만 말도로르의 사유가 (암시하는 존재가) 자신을 위해 순연하게 긍정적이기만 한 인간 현존재일 수 있다는 점에서, 그는 본래 일상세계가 폭력과 보복의 악순환 속에서 완전히 몰락하도록 기꺼이 내버려 두거나 심지어 몰아세우는 자여야 한다. 달리 말해, 그는 공동 현존재를 향한 모든 종류의 애착으로부터 자유로워야 한다. 자신의 존재를 인류와 본래 무관한 것으로 이해해야 한다는 뜻이다.

왜 그러한가? 애착이란 애착의 대상을 향한 자신의 순연한 증오와도, 자신을 향한 애착의 대상으로부터의 순연한 증오와도, 병존할 수 없는 것이기 때문이다. 이러한 자는 세계사적 개인으로 분류될 수 없고, 심지어 인간 현존재라고 규정될 수도 없다. 세계사적 개인이란 자신의 존재를 공동 현존재와의 관계 속에서 이해하는 자이고, 자신의 영웅적 행위를 통해 각각 자신의 공동 현존재인 모든 세인 사이의 관계를 새롭게 규정하고자 하는 자이며, 바로 그 때문에 그는 순연한 사디스트일 수도 없고, 반대로 순연한 마조히스트일 수도 없다. 결국 말도로르의 사유는 인간 현존재에게 허용되지 않고 가능하지도 않은 일종의 형용모순의 가능성을 향한 몽상적 사유일 뿐이다.

잘 알려져 있는 것처럼, 『죄와 벌』의 독자들은 종종 라스콜니코프를 향한 소냐의 헌신적인 사랑이 결국 라스콜니코프를 회개하게 한 것인지 아닌지의 문제를 놓고 다툰다. 그러나 존재론적 관점에서 보면, 그의 이름이 분열을 뜻하는 러시아어 '라스콜раскол, raskol'에서 유래했다는 것이 암시하는 것처럼, 라스콜니코프는 부단히 분열하는 자이고, 세상과 근원적인 방식으로 불화하는 자이며, 바로 그러한 자로서 본질적으로 냉소적인 자이다.

왜 그는, 스스로 세계사적 개인이 되기를 원했으면서도, 평범한 인간의 죽음에 마음을 씀으로서 '여전히' 규범성의 한계 안에 머무르는 편을 택했는가? 그 분명하고도 확고부동한 이유는 그가 '아직' 세계사적 개인이 아니기 때문이다. 그러나 그에게 세계사적 개인이란 단순히 낡은 세상을 파괴하는 자가 아니라 낡은 세상의 파괴를 통해 새로운 세상을 건립하는 자를 뜻한다는 것에 유념해야 한다. 왜 세계사적 개인은 낡은 세상을 파괴하는 것에 만족하지 않고 기어이 새로운 세상을 건립해야 하는가? 그 존재론적 이유는 세계사적 개인이란, 순연한 사디스트도 아니고, 순연한 마조히스트도 아닌 자로서, 자신의 존재를 공동 현존재와의 관계 속에서 이해하는 자를 뜻한다는 것에서 기인한다. 자신의 존재를 공동 현존재와의 관계 속에서 이해하는 자는, 비록 그가 이미 건립된 제도와 규범성에 적대적이라고 하더라도, 여전히 규범성의 한계 안에 머무는 자이다. 그러니 세계사적 개인이 낡은 세상을 파괴하고 새로운 세상을 건립하면서 수많은 사람들을 죽이게 됨은 그가 세계사적 개인으로서 위대하다는 사실뿐 아니라, 오직 한정적으로만 위대하다는 사실 또한 드러낸다. 그는 세계사적 개인이 되기 위해 분열을 택해야만 했다. 그러나 그가 새로이 창조할 세계는 분열을 넘어 되도록 많은 사람들이, 할 수만 있다면 세상 사람 모두가, 하나로 화합할 가능성을 제시해야 한다. 결국 새로운 세상이란 이전 세상의 분열과 갈등을 넘어 최대한 많은 사람들이 화합할 터전으로서 건립되는 것이기 때문이다. 그러니 새로운 세상을 창조하기 위해 새로운 세상의 창조에 반대하는 자와의 분열을 선택한 자는 본래 존재론적으로 자가당착적이다. 세계사적 개인이란 분열의 때이른 극대화를 통해 한정적이고 한시적으로 분열이 극복된 세상을 창조하는 자를 가리키는 용어라는 뜻이다.

스스로 세계사적 개인이 되기 위해 살해할 자를 엄선하려는 라스콜니코프의 태도는 그가 실은 세계사적 개인에 대해서도, 설령 그 자신은 명료하게 깨닫지 못했다고 하더라도, 본래 냉소적이라는 사실을 드러낸다. 라스콜니코프가 '아직'

세계사적 개인이 아니기 때문에 자신에 의해 어떠한 자가 죽임당할지 마음을 쓰게 된다는 것으로부터 그가 세계사적 개인이 되기에는 지나치게 평범하고 소심한 자라는 결론이 자동적으로 따라 나오는 것은 아니다. 아니, 그가 세계사적 개인이 되기에는 지나치게 평범하고 소심한 자인지 묻는 것은 존재론적으로 해명되어야 할 문제의 본질을 완전히 비껴가고 있다. 중요한 것은 라스콜니코프의 한계가 일정 부분, 그가 세계사적 개인보다 민감하고 철학적으로 명민한 자라는 사실에서 기인한다는 점이다. 바로 그 때문에 그는 평범한 인간의 죽음에 무심할 수 없다. 세계사적 개인의 이러한 무심함이야말로 세계사적 개인이 세계사적 개인으로서 존재한다는 그 자체만으로 필연적으로 겪게 될 존재론적 한계와 모순을 드러내기 때문이다.

소냐로 인해 라스콜니코프는 회개하게 되었는가? 이러한 물음에 온당한 방식으로 대답하려면 응당 회개가 무엇인지 미리 알아야 한다. 회개란 悔(뉘우칠 회)와 改(고칠 개)로 이루어진 한자어로, 그 사전적 의미는 잘못을 뉘우치고 고침이다. 라스콜니코프가 회개할 점은, 분열을 뜻하는 러시아어 라스콜로부터 그의 이름이 유래했다는 점에 비추어 보면, 무엇보다도 우선 세상과의 분열 및 불화, 그리고 그것을 조장하는 그의 사유방식이다. 달리 말해, 라스콜니코프가 회개하였다는 언명은 암묵적으로 그가 세상과 불화하는 것이 잘못임을 인정하고 더는 세상과 불화하지 않으려 마음 쓰기 시작했다는 것을 전제한다.

　라스콜니코프는 실제로 세상과 분열하는 자였는가? 과연 그렇다. 세상은 제도와 규범을 그 틀로서 지니기 마련인 바, 스스로 세계사적 개인이 되기를 꿈꾸는 자는 세상의 존속을 가능하게 할 제도와 규범의 파괴를 지향하는 자라는 점에서 본질적으로 세상과 불화하는 자이다. 물론 제도와 규범의 파괴를 지향하는 자는 제도와 규범을 틀로서 지니는 세상 안에서 다소간 안온하고 친숙하게 삶을 영위해 나가는 모든 인간과 불화하는 자이기도 하다.

　그러나 세상의 존속을 가능하게 하는 제도와 규범은 그 자체로 분열의 원인이기도 하고 분열의 결과이기도 하다. 라스콜니코프의 회심을 도모한 여주인공 소냐의 존재 자체가 그것을 생생하게 증명한다. 소냐의 아버지는 하급 9등관으로, 퇴역한 군인이자 주정뱅이다. "우리는 모두 고골의 '외투'로부터 나왔다"라는 도스토옙스키의 그 유명한 고백을 염두에 두고 생각하면, 소냐의 아버지는 고골의 소설 『외투』의 주인공인 아카키 아카키예비치에 상응하는 인물이라고 볼 수 있을 것이다. 아카키 아카키예비치처럼 하급 9등관이었던 소냐의 아버지는 아카키 아카키예비치와 마찬가지로 무능한 인간이었다. 무능한 자로서 대다수의 인간들로부터 무시당하는 자는 물론 세상과 분열하는 자이며, 그 분열은 무능한 자를 기어이 도태시키고 마는 세상으로 인해 일어나는 것이기도 하고, 세상의 제도와 규범에 대해 별다른 불만 없이 하루하루 살아가는 대다수의 인간들로 인해 일어나는 것이기도 하다. 또한 그것은 대다수의 인간들이 무시하지 않을 만큼 유능해질 수 없는 무능한 자의 한계로 인해 일어나는 것이기도 하다. 소냐는 무능한 아버지로 인해 세상과 그 몇 배로 분열하게 된 여자이다. 소냐는 자신을 멸시하는 계모와 분열해야 했고, 극심한 생활고로 인해 매춘부가 됨으로써 세상이란 본래 —대다수 인간들에 의해 짓밟히는 방식으로 전체로서의 세상과 분열하게 된— 무능한 자에게 야멸차고 냉엄한 장소라는 것을 절감해야 했다. 소냐는 심지어 가족과의 거의 완전한 분열마저 강요받는다. 자신의 집에 매춘부가 머무는 것을 용납할 수 없었던 주인 때문에 결국 가족과 함께 살 수 없게 된 것이다.

그토록 철저하게 세상과 분열하는 소냐였지만 정작 그녀 자신은 세상과 불화할 마음이 없었다. 말하자면 그녀는 세계사적 개인과 정반대의 유형인 인간이다. 소냐는 아버지와 마찬가지로 무능한 인간으로서 세상과 분열하는 인간이지만, 이와 달리 세계사적 개인은 자신의 비범한 능력으로 인해, 그것도 자신의 주체적인 선택과 의지를 발휘해, 세상과 분열하는 인간이다. 소냐는 세상이 자신을 박해해도 세상과 불화하지 않고 기어이 사랑으로 세상을 받아들이기를 원하는 인간이지만, 이와 달리 세계사적 개인은, 세상과의 분열이 자신의 주체적인 선택과 의지가 발휘됨으로써 일어난 것임에도 불구하고, 기어이 세상과 불화하려 한다. 결국 그는 자신이 그 안에 머물고 있는 세상을 낡은 것으로 규정하고 파괴하려는 자인 것이다. 심지어 그가 창조할 새로운 세상조차 실은 그와 본질적으로 분열하는 세상일 수밖에 없다. 비유컨대, 그가 궁극적으로 지향하는 것은 스스로 최대한 신과도 같은 순연한 주체로서의 창조자가 되어 자신이 마음대로 할 수 있는 순연한 피조물로서의 세상을 만드는 것이다. 물론 순연한 주체로서의 창조자와 순연한 피조물로서의 세상 사이에는 결코 넘어설 수 없는 존재론적 심연이 가로놓여 있다. 순연한 주체로서의 창조자는 결코 순연한 피조물과 하나가 될 수 없으며, 그 역도 마찬가지이다. 일방적으로 자신의 피조물인 세상에 영향력을 행사하는 자로서, 순연한 주체로서의 창조자는 자기 외의 모든 것과 철저하게 분열하는 존재자인 것이다.

라스콜니코프가 뜻하지 않게 살해하게 된 전당포 노파의 동생 리자베타는 소냐의 친구이기도 했다. 소냐처럼 리자베타 역시 자신의 무능력과 가난 때문에 세상과 끝없이 분열하는 불행한 인간이었다. 소냐는 라스콜니코프가 자신의 친구 리자베타를 살해했다는 것을 알게 된 후에도 라스콜니코프를 증오하거나 멀리하려는 모습을 보이지 않는다. 대신 그는 라스콜니코프에게 자신이 죄인임을 인정하고 그 대가를 치르라고 말한다. "공원으로 가서 대지에 입을 대세요. 그리고는 '나는 살인자입니다'라고 외치세요." 라스콜니코프는 소녀의 말을 따른다. 대지에 입을 대는 순간 그는 가슴으로부터 무언가 무겁고 해묵은 짐이 소멸해 버리는 듯한 기분에 사로잡힌다.

이제 다시 한번 생각해 보자. 라스콜니코프는 소녀로 인해 회개하게 되었는가? 분명 그렇게 생각할 수 있다. 결국 소냐는 라스콜니코프가 되고자 했던 세계사적 개인과 정반대의 유형인 인간이다. 그러니 라스콜니코프가 소녀의 말을 따르는 것은, 그녀를 전심으로 받아들이는 것은, 분명 회개의 결과이다. 그러나 동시에 그 회개는 세상과의 분열이 이전보다 더욱 깊고 확정적인 것이 되었음을 드러낸다. 평범한 사람들이 소녀처럼 무능한 매춘부를 무시하는 것처럼, 소녀와 같은 인간의 고통과 죽음에 둔감한 것처럼, 비범한 인간인 세계사적 개인은 평범한 사람들을 무시하는 자이고, 평범한 사람들의 고통과 죽음에 둔감한 자이다. 결국 낡은 세상과 마찬가지로 세계사적 개인이 창조할 새로운 세상 역시 소녀처럼 세상과 분열할 수밖에 없는 자를, 대다수 사람들로부터 무시당하는 자를, 철저하게 외면당하는 고통과 죽음을 만들어 낼 것이다. 대다수의 평범한 사람들을 태연히 무시하는 자에 의해 창조될 세상이 무능한 자와 분열하지 않을 것이라고 기대할 수는 없는 것이다. 그러니 소녀를 전심으로 받아들이기로 한 라스콜니코프의 회개는 소녀처럼 자신과 불화하는 세상을 미워하지 않으려는 결의의 표현이기도 하지만, 동시에 자신과 세상 사이의 완전한 분열에 대한 자각의 표현이기도 하다. 결국 낡은 세상뿐 아니라 장차 도래할 새로운 세상도 자신이 전심으로 받아들인 소냐와 분열하는 세상일 것이다. 라스콜니코프가 마지막 순간까지 버리지 못했던 냉소주의적인 태도는 자신이 세상과 근원적으로 분열할 수밖에 없는 자임을 자각함으로 인한 것이다.

나중에 확인하게 되겠지만, 바로 이 점에서 말도로르는 라스콜니코프와 거의 같은 유형의 인물이다. 말도로르 역시 —세상과 근원적으로 분열하는 현존재로서의— 매춘부를 전심으로 받아들이는 자로서, 매춘부와 마찬가지로 자신 역시 세상과 근원적으로 분열하는 현존재일 수밖에 없다는 것을 자각하고 있는 자라는 뜻이다. 그렇다면, 앞에서 언급했듯이, 말도로르의 퇴행이 그를 존재론적으로 도리어 진실한 현존재가 되게끔 하는 이유는 무엇인가? 말도로르의 퇴행은 자신이 꾀하는 증오의 환기가 실은 자신이 파괴하기를 원하는 규범성의 새로운 가능 근거가 될 수밖에 없다는 것을 알지 못하기 때문에 일어난 것이다. 그러나 바로 그 때문에 그의 사유와 행위는 극단적인 편향성을 띠게 된다.

라스콜니코프의 경우, 말도로르와 달리 퇴행적이지 않고 지적으로 명료하게 사고하고 판단할 수 있는 인간이기에, 자신과 세상 사이의 근원적인 분열에 대한 자각에도 불구하고 편향적으로 사유하거나 행위하기가 어렵다. 자신이 전심으로 받아들인 소냐가 세상과의 분열에도 불구하고 세상과 불화하지 않고 도리어 세상을, 마치 자신이 소냐에 대해 그렇게 한 것처럼, 전심으로 받아들이려 하는 자이기 때문이다. 그러니 세상과 극단적으로 등을 지고 소냐만을 위하는 편향적인 사유와 행위를 하는 것은 자가당착과 모순에 빠지는 결과로 이어질 뿐이다. 자신과 세상 사이의 근원적인 분열에도 불구하고 세상을 전심으로 받아들이는 소냐와 분열하지 않을 수 있는 길은 소냐와 같은 선택을 함을 통해서만 열리기 때문이다.

물론 그러한 선택은 라스콜니코프에게 본래 불가능하다. 자신이 전심으로 받아들이려 하는 소냐가 세상과 근원적으로 분열하는 자라는 자각이 너무도 분명하고 생생하기 때문이다. 바로 그 때문에 라스콜니코프는 마지막 순간까지도 냉소주의자로 남을 수밖에 없었던 것이다.

말도로르는 결코 둔감한 자가 아니다. 그 역시 실은 라스콜니코프처럼, 어떤 점에서는 라스콜니코프 이상으로, 명민하게 사유하는 자이다. 그럼에도, 마치 소냐가 세상을 향한 무조건적이고 맹목적인 사랑의 감정 속에 함몰된 채 사유하고 행동하는 것처럼, 말도로르는 라스콜니코프와 달리 세상을 향한 무조건적이고 맹목적인 하나의 감정 속에 함몰된 채 사유하고 행동한다. 물론 그 하나의 감정이란 증오이다.

명민하게 사유할 수 있는 능력에도 불구하고 라스콜니코

프는 소냐처럼 진실하지 않다. 사유가 앞서가는 탓에 아무것도 온전히 결의할 수 없는 냉소주의자가 되어 버렸기 때문이다. 아마 객관성의 이념에 매달리는 소위 현실주의자라면 세상을 향한 무조건적이고 맹목적인 사랑의 감정 속에 함몰된 소야의 정신은 있는 그대로의 진실을 발견해 나갈 수 없고, 오직 라스콜니코프처럼 지성적 사유를 감정보다 앞세우는 자만이 그럴 수 있을 것이라고 여길 것이다. 그러나 존재론적으로 존재란 객관적인 것으로서가 아니라 각자의 존재에 근거를 둔 현상적인 것으로서만 자신을 열어 보이는 법이다. 오직 하나의 순연한 감정 속에 온전히 함몰될 수 있는 자만이 존재의 진실에 다가설 수 있다. 그 까닭은 존재의 진실이란 객관적이고 무감동한 논리적 명제의 형태를 띠는 것이 아니라, 자신이 지향하는 삶을 전심으로 받아들이고자 하는 결의에 의해 열리는 시간성의 한 유형으로서 드러나는 것이기 때문이다.

세상을 향한 무조건적이고 맹목적인 사랑의 감정 속에 함몰된 소냐의 정신이 지성적 사유를 감정보다 앞세우는 라스콜니코프보다 존재의 진실에 다가가기가 더욱 용이한 까닭이 바로 여기에 있다. 소냐는 장차 도래할 미래의 세상을 향한 소망 속에서 자신과 분열하는 세상을 전심으로 받아들일 결의를 품게 된 현존재이다. 소냐에게 존재의 진실은 근원적으로 시간적인 것이며, 그 까닭은 도래할 미래의 세상을 향한 소망 속에서 지금의 세상을 그 자체로 진실된 것으로서 받아들이도록 할 존재론적 근거가 마련되기 때문이다.

소냐와 달리 말도로르는 세상과 온전히 불화하고자 하는 결의를 품은 자이고, 그것은 그가 도래할 미래의 세상을 증오의 환기에 의해 규정되어야 할 것으로 열어 나가려 한다는 점에서 드러난다. 원한다면 말도로르의 증오에 의거해서 열릴 세상은 소냐의 사랑에 의거해서 열릴 세상만큼 진실할 수 없다고 말해도 좋다. 그럼에도 한 가지 분명한 것은 냉소적으로 남은 채 선택을 결의하지 못하는 라스콜니코프의 세상보다 말도로르의 세상이 존재론적으로 더욱 진실하다는 것이다. 아무튼 말도로르 역시 장차 도래할 미래의 세상을 향한 소망 속에서 사유하고 행위하는 현존재인 것이다. 이 점에 대해서는 이 책의 후반부에서 보다 구체적으로 다루게 될 것이다.

3장 | 선악을 향한
분열적 운동으로서의
현존재의 존재와 시간

말도로르는 일종의 반反-차라투스트라로서의 초인 내
지 반反-초인으로서의 초인으로 규정될 역설적 존재
자이다

말도로르(의 망령)는 일상적이고 비본래적인 자기와 본
래적인 자기의 완전한 통일을 구현하고자 하는 존재
론적 기획의 표현이다

보론補論: 하이데거의 존재론은 말도로르(의 망령) 내지
악령으로서의 자기의 진실을 직시하지 못한 하이데
거의 자기기만의, 혹은 최악의 경우 이러한 진실을 직
시한 하이데거의 의도적 타자-기만의, 산물이다

일상세계는, 언제나 이미 규범화된 것으로서, 죽음으
로부터의 도피처가 아니라 죽임당할 가능성이, 언제
나 이미 임박한 것으로서, 죽음 앞에서의 불안과 두려
움을 부단히 일상화하고 평균화하는 세계이다

말도로르는 일종의 반^反-차라투스트라로서의 초인 내지 반^反-초인으로서의 초인으로 규정될 역설적 존재자이다

도덕 및 규범은 일종의 도구이다. 사실 형이상학적 초월자의 이념에 기초한 도덕 및 규범의 절대성이란 일종의 형용 모순일 뿐이다. 하이데거의 주장대로, 현존재가 세인들과 맺는 관계란 존재론적으로 서로를-위함의 가면 아래 서로를-대적함이 진행되는 관계인바, 오직 바로 이러한 양의적 함께-있음의 관계 속에서 존속하는 무상한 존재자들 사이에서만 도덕과 규범이 유의미할 수 있기 때문이다.

하지만 이 말은 형이상학적 초월자의 이념이 유치하고 조잡한 신화로서 폐기되어야 한다는 것을 뜻하지 않는다. 실은 그 반대이다. 존재론적으로 중요한 것은 형이상학적 초월자의 이념을 현존재의 존재에 그 근거를 두고 있는 것으로서 새롭게 해명하는 일이다. 이 말은 형이상학적 초월자의 존재가 현존재의 존재에 대한 존재론적 분석을 통해 증명될 수 있다는 것을 뜻하지 않는다. 그것은 다만 현존재의 근원적 존재방식으로서의 일상성이 언제나 이미 규범에 의해 침윤되어 있는 것인 한에서, 현존재의 존재 자체가 스스로 형이상학적 초월자가 되고자 하는 존재기획으로서 규정될 수밖에 없다는 것을 뜻할 뿐이다.[12]

이 점을 밝히는 데는 앞서 제시된 라스콜니코프와 말도로르에 관한 이야기가 매우 유용할 수 있다. 우선 라스콜니코프의 세계사적 개인 개념에 관해 생각해 보자. 라스콜니코프가 말하는 세계사적 개인은 니체적 의미의 초인이라 보기 어렵다. 예컨대, 니체의 차라투스트라는, 『차라투스트라는 이렇게 말했다』의 서론에 나오는 것처럼, 인간을 사랑하기 때문에 스스로 자신의 몰락을 선택한 자이다. 차라투스트라의 관점에서 보면, 위대한 별인 태양조차 그 빛을 받아들일 존재를 통해서만 온전한 의미의 태양일 수 있고, 행복할 수 있다. 즉, 니체적 의미의 초인은 군림하고자 상승하며 움직이는 자가 아니라, 도리어 인간을 향한 사랑으로 인해 하강하며 움직이는 자이다. 이와 반대로 라스콜니코프가 말하는 세계사적 개인은 오직 상승의 운동만을 지향하는 자이다. 그런 점에서 니

---

12 현존재의 존재가 형이상학적 초월자가 되고자 하는 존재기획으로서 규정되어야 한다는 것은 두 가지 함의를 지닐 수 있다. 하나는, 흡사 칸트가 그러했던 것처럼, 경험과 오성의 한계를 넘어서는 자유와 도덕의 이념을 자기로서 존재함의 근원적 지향점으로 받아들이는 것이다. 또 다른 하나는 현존재의 존재를 통한 자기와 자기-아닌-존재 사이의 분열을 넘어 존재의 근원적 전체성을 회복하고자 하는 존재기획으로서 현존재의 존재를 해석하는 것이다. 이 점에 대한 상세한 논의는 다음 참조. 한상연(2021), 47 이하, 94 이하 및 371 이하.

체의 초인 개념은, 『죄와 벌』의 독자들이 흔히 생각하는 것과 달리, 라스콜니코프의 세계사적 개인 개념과 같지도 않고 심지어 비슷하지도 않다. 『죄와 벌』의 등장인물들 가운데 니체적 의미의 초인사상과 가장 가까운 사유방식을 지닌 인물은 라스콜니코프가 아니라 도리어 소냐이다. 라스콜니코프가 살인자라는 것을 알게 된 후 소냐가 취한 말과 행동은, 그녀가 먼 미래의 인간을 향한 지극한 사랑과 희망 때문에 현재의 인간을 한편으로는 전심으로 사랑하면서도 동시에 가차 없이 비판하는 유형의 인간이라는 것을 알린다. 니체적 의미의 초인이란, 적어도 『차라투스트라는 이렇게 말했다』의 주인공인 차라투스트라의 진술에 따르면, 바로 이러한 유형의 인간인 것이다.[13]

라스콜니코프의 세계사적 개인은 신과도 같은 어떤 형이상학적 초월자에 대한 믿음을 지니고 있는가? 그럴 수도 있고, 그렇지 않을 수도 있다. 낡은 세상을 파괴하고 새로운 세상을 창조하는 데 ─예컨대 신과도 같은─ 어떤 절대적 존재를 향한 신앙이나 불신, 어느 하나가 반드시 필요하다고 말할 수는 없다는 뜻이다. 그럼에도 세계사적 개인은, 그에게 신앙이 있든 없든 상관없이, 할 수 있는 한에서는 최대한 절대자로서의 형이상학적 초월자가 되고자 하는 자라고 볼 수 있다.

---

[13] 한상연(2020), 11 이하 및 279 이하 참조; Nietzsche(1999), 7 이하 및 77 이하.

세계사적 개인은 결국, 자신의 뜻대로 세상을 변화시키려는 자이다. 그는 자신의 뜻이 꺾이는 것을 원하지 않고, 적당히 굴절하는 것도 원하지 않으며, 할 수만 있다면 모든 종류의 간섭과 훼방을 물리치고, 오직 자신의 뜻대로만 세상을 바꾸려 한다. 그런 점에서 그는 분명, 비록 그 완전한 실현이 불가능하다는 것을 스스로 알고 있다고 할지라도, 신과도 같은 절대자, 혹은 절대자로서의 형이상학적 초월자가 되는 것을 자신의 삶의 궁극적인 목적으로 삼는 자이다.

그렇다면 말도로르의 경우는 어떨까? 말도로르가 스스로 형이상학적 초월자가 되려는 자라는 것을 가장 잘 나타내는 텍스트 가운데 하나는 말도로르의 네 번째 노래의 여섯 번째 장이다. 여기서 말도로르는 꿈속에서 일어난 자신의 변신에 대해 말한다. 말도로르의 말에 따르면, 그는 절벽 위에서 잠을 자다가 자신이 돼지가 되는 꿈을 꾸었다. 그 꿈이 자신에게 어떤 의미를 지니는지에 관해 말도로르는 다음과 같이 말한다.

"나는 내가 돼지의 몸 안에 들어갔던 것을, 거기에서 나오는 것이 나에게 쉽지 않은 것을, 그리고 내가 가장 더러운 늪 속에 누워 나의 털을 이러저리 뒹굴던 것을 꿈꾸고 있었다. 그것은 보상과 같은 것이었을까? 나로서는, 그러한 해석을 들었는데, 그것에 대해 심오

120

한 그 이상의 기쁨을 느꼈다. 그러나, 하나님의 편으로부터 이 굉장한 총애를 받을 만한 어떤 선행을 내가 수행하였는지 나는 적극적으로 찾아보았다. 화강암 같은 배(腹)에 대항하는 그 무시무시한 타락의 다양한 단계를 내가 나의 기억 속에서 다시 거치고, 그러는 동안 조수는, 내가 모르는 사이에, 죽은 물질과 살아 있는 살로 이루어진 이 원상회복이 불가능한 혼합물 위로, 두 번, 지나갔는데, 그러한 지금, 이러한 타락이 아마도 신의 정의가 나에게 실현한 하나의 징벌에 불과했을 것이라고 선언하는 것이 아마도 소용없지는 않을 것이다. 그러나, 누가 악취를 내는 그의 기쁨의 원인이나 또는 그의 내적인 욕구를 알겠는가! 변신은, 내가 오래전부터 기다리고 있었던 완전한 행복의 높고도 넓은 울림소리로밖에는 결코 내 눈에 나타나지 않았다. 내가 돼지였던 날, 마침내 그것이 온 것이다! 나는 나무들의 껍질 위에다 나의 이빨을 시험해 보았다. 나의 돼지 코, 그것을 나는 황홀하게 응시하고 있었다. 더 이상 신성(神性)의 가장 작은 파편도 남아 있지 않았다. 나는 나의 영혼을 이루 말로 다 표현할 수 없는 그 쾌락의 과도한 높이까지 올릴 수 있었다."[14]

---

[14] 로트레아몽(2020), 211 이하.

말도로르의 이 기이하고 혼란스러운 진술의 의미를 문장 하나하나 다 정확하게 밝혀내는 것은 아마 불가능한 일일 것이다. 그러나 그 근본 취지가 무엇인지는 그다지 어렵지 않게 간파해 낼 수 있다. 말도로르는 꿈속에서 돼지가 되었으며, 그 꿈은 인간을 동물보다 우월하다고 여기는 관점에서 보면 분명 악몽이다. 만약 하나님이 자신을 돼지로 만들었다면, 우리는 당연히 하나님이 자신에게 무시무시한 벌을 내렸다고 생각하게 될 것이다. 하지만 말도로르는 도리어 그것을, 자신을 돼지로 만든 하나님이 실제로 존재한다는 것을 전제하는 경우, '하나님 편으로부터의 굉장한 총애'라고 해석한다.

물론 이러한 해석은 하나님의 존재를 믿는 자를 향한 역설과 풍자이기도 하다. 돼지란 무엇을 상징하는 말인가? 인용문의 마지막 두 문장에 분명하게 드러나 있듯이, 그것은 자기 안에 '더 이상 신성神性의 가장 작은 파편도 지니지 않은' 존재자를 상징한다. 자기 안에 신성의 가장 작은 파편조차 남아 있지 않다는 것을 알게 된 후, 말도로르는 자신의 '영혼을 이루 말로 다 표현할 수 없는 그 쾌락의 과도한 높이까지 올릴 수 있었다.' 간단히 말해, 돼지란 말도로르의 독자가 말도로르에게서 기대하는 증오의 환기가 궁극적으로 말도로르를, 말도로르의 독자를, 그리고 아마도 우리 모두를, 아름답고 검은 쾌락의 공간으로 들어 올릴 모종의 존재론적 역량을 상징한다. 신성과 철저하게 무-연관적이 된 존재자로서, 돼지는 일상성의 근원적 요소로서의 규범성과 무-연관적이 된 존재자이기도 하다. 규범이 금지하는 모든 것이 말도로르의 돼지에게는 허용된다. 아니, 이 말은 이미 그 자체로서 말도로르의 돼지의 존재의미를 왜곡한다. 말도로르의 돼지는 더 이상 규범에 입각한 어떤 종류의 허용도 필요로 하지 않는 존재자이기 때문이다.

전통 철학적 관점에서 보면, 말도로르의 돼지는 형이상학적 초월자의 대척점에 있는 가장 하위의 존재를 가리킨다. 그것은 말도로르가 자신의 몸을 '죽은 물질과 살아 있는 살로 이루어진 이 원상회복이 불가능한 혼합물'로 표현하는 지점에서 극명하게 드러난다. 죽은 물질이란 무엇이고, 또 살아 있는 살이란 무엇인가? 논리적으로 보면, 전자는 죽은 것이고 후자는 살아 있는 것이라는 점에서 양자는, 즉 물질과 살은, 서로 대립적이다. 그러나 살은 물질 아닌가? 우리의 몸이 바로 그것인 바의 살은 물질로서 살아 있는 것이고, 우리의 존재 자체를 가능하게 하는 것이며, 바로 그런 한에서 물질을 죽은 것으로 파악하는 모든 전통적이거나 일상적인 경향을 자신의 존재 자체를 통해 논박하고 있지 않은가? 그러므로 죽은 물질과 살아 있는 살로 이루어진 혼합물이라는 표현은 살아 있는 살 자체가 물질과 구분될 수 없는 것으로서 신성과 근원적이고도 본래적인 방식으로 무-연관적인 것이라는 선언과도 같다. 신성과 근원적이고도 본래적인 방식으로 무-연관적인 것으로서 살은 물질에 속한 것이고, 세계에 속한 것이며, 세계란 본래 말도로르가 환기할 증오에 의해 장차 이루어질 아름답고 검은 공간, 즉 정의와 선 등 일체의 규범성의 이념적 근거들이 빛으로서 부유하지 않는 그러한 장소이고, 또 기어이 그러한 장소가 되어야 한다. 오직 그러한 장소로서만 세계는 무제약적인 쾌락의 장소, 아름답고 검은 공간 속에서 제각각 증오의 대상을 파괴할 욕망과 의지가 무제약적으로 실현되는 장소일 수 있고, 오직 그러한 장소에서만 인간 현존재는 배를 뒤집고 공중을 부유하는 상어로서 무한한 쾌락 속에 잠길 수 있다.

아마 민감한 독자라면 이미 눈치챘겠지만, 존재론적으로 상어란 지금 여기의 말도로르의 돼지가 기어이 그것이 되어야 할 미래의 자기이다. 그 도래할 미래는 오직 돼지로서의 자기, 신성과 근원적으로 무-연관적인 그러한 자기의 자기성을 부정할 것으로서 거부하지 않고 도리어 적극적으로 긍정할 만한 것으로서 수용하려는 존재론적 결의를 요구한다. 달리 말해, 가장 낮은 존재자로서의 돼지로 기꺼이 하강하는 —말도로르라는 이름의— 현존재의 존재론적 운동은 가장 낮은 존재자로서 가장 높은 존재자로서의 위치를 차지하고자 하는 결의의 운동, 일상세계를 지배하는 규범에 상응하지 않는 방식으로 존재하는 모든 것을 순연한 물질적 존재와도 같이 근원적으로 무가치하고 삶에 적대적인 존재자로 해석하는 일상세계의 경향에 맞서서 투쟁하고자 하는 결의의 운동, 그럼으로써 일상세계에서 가장 낮은 존재자로 규정된 것을 가장 고차원적이고, 일체의 일상적 경향으로부터 자유롭다는 바로 그러한 의미로, 순연한 존재자로 존재하게 할 가능성을 실현하려는 결의의 운동이기도 하다. 이 삼중의 결의의 운동의 지향점은 물론 상어이다. 상어는 가장 낮은 자로서 도리어 가장 높은 자인 존재자의 이름이기도 하고, 그러한 자로서 근원적으로 규범적인 일상세계에서 가장 저차원적인 것으로 통용되는 욕망과 의지의 전부를 가장 고차원적이고 순연한 존재자로서 존재함을 가능하게 하는 일종의 축복으로서 온전히 전환하는 데 성공한 존재자의 이름이기도 하다.

비로 이러한 이유로, 말도로르의 돼지는 상어가 되기 위해 모든 일상적인 경향에 맞서 단호히 투쟁해야 하는 존재자이다. 말도로르는 다음과 같이 말한다.

"그러니까 내 말을 들으라. 그리고 얼굴을 붉히지 말라. 뼈와 기름기여, 물론, 그대들이 얼굴을 붉히는 것은 옳은 일이다, 그러나 내 말을 들으라. 나는 그대들의 지성을 내세우지 않는다. 그대들은 그 지성이 그대들에게 보여 주는 공포에 의해 피를 토하도록 만들 것이다. 그 지성을 잊으라, 그리고 그대들을 자신들과 모순되지 않도록 일치시켜라… 거기에, 더 이상 구속은 없다. 나는 내가 죽이고 싶을 때, 죽이곤 했다. 그런 일은, 내게 자주 생기곤 했다. 그런데도 아무도 내가 그렇게 하는 것을 막지 못했다. 내가 그렇게도 조용히 포기했던 그 종족을 공격하지 않았음에도 불구하고, 인간들의 법률은 아직도 그들의 복수로 나를 괴롭히곤 했다. 그날 낮 동안, 나는 나의 새로운 동류들과 싸웠고, 또한 땅은 수없이 엉긴 핏자국으로 얼룩졌다. 나는 가장 강하였다, 그래서 내가 모든 승리를 거두었다. 내 몸은 심한 상처투성이였다. 나는 그것을 모르는 체하였다. 지상의 동물들은 내게서 멀어져 갔고, 그래서 나는 나의 빛나는 위대함 속에서 홀로 남았다. 나의 분노가 그곳의 생물들을 전멸시킨 고장들로부터 멀어져서, 다른 평원에 이르러 그곳에 학살과 살해하는 나의 습관을 심기 위하여, 헤엄쳐서 강을 건넌 다음, 내가 이 꽃핀 강가를 걷고자 시도하였을 때, 그때, 나의 놀라움은 얼마나 컸었는지. 나의 발들이 마비되었던 것이다. 어떤 움직임도 이 어쩔 수 없는 부동 상태라는 진실을 배반하려 하지 않았다. 나의 길을 계속 가기 위하여, 초자연적인 노력을 하는 가운데, 바로 그때 나는 각성하였고, 내가 다시 인간이 되고 있는 것을 느꼈다. 하나님은 그렇게, 설명할 수 없는 것은 아닌 방법으로, 자신의, 몽상으로조차, 나의

숭고한 계획들이 완수되는 것을 바라지 않는다는 것
을 내게 깨닫게 하였다."[15]

인용문은 말도로르에 대해 우리가 존재론적으로 확인
해 온 모든 것이 매우 적확하다는 것을 잘 드러낸다. 우선 말
도로르가 자신의 독자들을 '뼈와 기름기여'라고 불렀다는 것,
그리고 뼈와 기름기인 독자들에게 지성을 잊고 자신들을 자
신들과 일치시키라고 권면한다는 것을 기억하자. 뼈와 기름
기인 독자들은 물론 말도로르의 돼지처럼 규범 및 그 근원적
근거로서의 신성과 근원적으로 무-연관적인 존재자들이다.
말도로르의 관점에서 보면, 그 자신뿐 아니라 실은 독자들 모
두가, 인간 현존재 모두가, 실은 말도로르의 돼지들이다.

자신이 돼지로 간주된다는 것에 불쾌감이나 당혹감을 느
끼는 자들은 여전히 지성의 지배 아래 머무는 자들이고, 그
때문에 자기 자신을 자기 자신과 모순되지 않게 일치시키지
못하는 자들이며, 무제약적인 자유의 온전한 실천자로서 도
래할 미래의 자기를 향한 존재론적 결의를 품지 못하는 자
들이다. 상어가 되기 위해, 무제약적인 자유를 온전히 실천
해 낼 역량을 기르기 위해, 일상세계에서 말도로르의 돼지보
다 높은 위치를 점유하고 있는 현존재는 본래 무엇보다도 우

---

15   로트레아몽(2020), 212 이하.

127

선 존재론적 나락을 향해 뛰어내려야 하는 자이다. 그 까닭은 오직 그러한 극단적인 하강의 운동을 통해서만 지성의 간섭으로부터 자유로운, 일상세계의 근원적 요소로서의 규범성과 도래할 미래에 대한 그 당위적 규정으로서의 이상성_{理想性}의 구속을 받지 않는, 그러한 존재자가 될 수 있기 때문이다.

말도로르(의 돼지)가 자신에게 그 가장 작은 파편도 남아 있지 않게 되었다는 것을 크게 기뻐한 신성이란 자신의 자연성을 스스로 부정하고 파괴함으로써 지금의 자신이 아닌 그 무엇이 되어 가라고 우리를 재촉하는 권력의 기제이다. 우리의 지성이 자신의 자연성을 당위성의 형태로 부정하도록 하는 규범과의 관계 속에서 작동하는 한에서, 그것은 그 자체로 신성이라는 이름의 권력 기제로서 우리 안에 틈입해 들어온 낯선 타자일 뿐이다. 그것은 우리 스스로 우리 자신의 존재를 부정하도록 몰아세우고, 그럼으로써 우리의 본래적이고 자연적인 자기와 규범에 의해 언제나 이미 지배되고 있는 일상세계 안에서의 일상적 자기 사이에 심각한 균열과 불일치가 일어나도록 한다.

그러나, 다시 한번 강조하건대, 말도로로는 본래 퇴행적인 인간이다. 말도로르의 돼지, 혹은 돼지로서의 말도로르는 무엇을 했는가? 인용문에 잘 나타나 있는 것처럼 동류의 종족에 대한 부단한 투쟁과 무제약적이고 임의적으로 이루어지는 살해이다. 퇴행적 인간으로서, 여전히 인간으로서의 자기를 아주 망각하지는 못한 꿈속의 돼지로서, 말도로르는 부단히 투쟁하고 내키는 대로 함부로 죽이는 자신을 일상세계의 인간들이 용납하지 않을 것임을 안다. 결국 세인이란 규범성을 그 자신의 본래적인 규정성의 하나로 지니는 존재자인 것이다. 바로 그 때문에 그는 '내가 그렇게도 조용히 포기했던 그 종족을 공격하지 않았음에도 불구하고, 인간들의 법률은 아직도 그들의 복수로 나를 괴롭히곤 했다'라고 한탄한다. 존재론적으로, 인간들의 법률로 인해 괴로움을 겪는 존재자는 완전한 짐승이 아니라 '아직' 인간 현존재이다. 그러나 이 '아직'이 말도로르에게 일상성의 근원적 요소인 규범성의 현실적 근거로서 상정된 어떤 초월적 존재자에 대한 믿음이 '아직' 남아 있다는 것을 뜻하는지는 '아직' 확실하지 않다. 어쩌면 그것은 완전히 인간 이하의 짐승으로 퇴락해 버린 자신이 언젠가 자신과 달리 퇴락을 거부하는 인간 현존재와 투쟁을 벌여야 한다는 생각 때문에 생겨나는 일종의 잔상과도 같은 것을 암시하는 것일 수도 있다. 이 경우 말도로르는 순연하게 학살을 위해 존재하는 존재자인 셈이다. 말도로르의 학살은 이중의 의미를 지닐 수 있다. 하나는 본래부터 짐승인 자연적 존재자 및 그러한 자연적 존재자로 퇴락함으로 인해 스스로 짐승이 된 인간에 대한 학살이다. 또 다른 하나는 인간성의 학살이다. 인간 현존재에 대해 말도로르가 벌이는 투쟁은 인간 현존재로 하여금 짐승으로 퇴락해 가기를 거부하도록 하

129

는 인간성에 대한 투쟁이기도 하고, 학살 자체를 위한 순연한 투쟁, 짐승으로 퇴락하든 퇴락을 거부하든 상관없이, 아무튼 모든 인간 현존재를 학살하고자 하는 투쟁이라는 뜻이다. 한마디로 말해, 말도로르(의 돼지)는 자신이 투쟁의 대상으로 삼을 수 있는 모든 것과 싸워 기어이 학살하고자 하는 자이다. 그런 점에서 그는 자신과 투쟁할 가능성을 지닌 모든 것과, 그것이 짐승이든 인간이든 구분하지 않고, 함께-있기를 거부하는 존재자인 셈이다.

말도로르(의 돼지)는 부단히 싸우는 자이고, 학살하는 자이며, 그 때문에 그가 자신의 새로운 종족, 즉 인간이 아닌 짐승들과의 싸움에서 모조리 승리하자 결국 혼자 남게 되었다. 그러나 그는 자신이 완전히 고독한 존재자가 되었다는 점을 한탄하지 않는다. 자신의 새로운 종족에 속하는 '지상의 동물들이 그에게서 멀어져 갔다'고 말하면서, 말도로르는 동시에 자신의 고독을 '자신의 빛나는 위대함 속에서 홀로 남음'이라고 규정한다. 이러한 점에 비추어 볼 때, 말도로르는 분명 일종의 반-차라투스트라인 초인, 혹은 반-초인으로서의 초인이라는 역설적 존재자이다. 그는 인간으로부터 돼지로 퇴행함을 진실로 기뻐했고, 그런 점에서 보다 고차원적인 존재가 되기 위해 스스로 자신의 몰락을 선택해야 한다고 역설하는 차라투스트라와 정반대의 관점을 지닌 자이다.

차라투스트라에게 스스로 자신의 몰락을 선택함이란 결

코 짐승으로 퇴락함을 선택함과 같지 않다. 인간을 향한 사랑 때문에 스스로 자신의 몰락을 선택해서 지상에 내려온 차라투스트라는 군중과 만났을 때 "인간이란 극복되어야 할 그무엇"[16]이라고 선언한다. 인간이 스스로 자신의 몰락을 선택해야 한다는 차라투스트라의 생각은 인간이란 스스로 자신의 몰락을 선택함으로써만 극복되어 보다 고차원적인 존재가 될 수 있는 생각에 근거를 두고 있다. 차라투스트라는 군중에게 몰락되기를 거부하는 인간은 짐승으로 퇴락해 가기 마련이라고 경고한다.

> "모든 존재Wesen는 지금까지 자신을 넘어서는 그 무엇을 창조해 왔다. 그런데 너희는 이 거대한 밀물의 썰물이 되기를, 차라리 짐승으로 돌아가기를, 인간을 극복하기보다 더 원하는가?"[17]

그러나 말도로르가 차라투스트라와 달리 짐승으로 퇴락함을 기꺼워했다는 것으로부터 그가 일종의 초인이 되기를 거부했다는 결론이 따라 나오는 것은 아니다. 말도로르는 차라투스트라와 정반대의 감정의 발로로 초인이 되기를 꿈꾼

---

16   Nietzsche(1999), 14.
17   Nietzsche(1999), 14.

다. 바로 증오이다.

차라투스트라는, 신약성경 속의 예수와 마찬가지로, 순연한 사랑의 화신이다. 예수에 대한 차라투스트라의 비판은 예수가 설파한 사랑의 정신에 대한 거부가 아니라 도리어 예수가 사랑의 정신을 올바로 구현해 내지 못했다는 것에 대한 비판이다. 왜 예수는 사랑의 정신을 올바로 구현하지 못했는가? 그의 가슴이 끝물 인간der letzte Mensch에 지나지 않는 대다수 인간들을 향한 동정심으로 인해 무너져 버린 탓이다. 차라투스트라는 "위대한 사랑은 모두 자신의 모든 동정을 넘어서 있다"라고 선언한다. 그 까닭은 "사랑이 연인을 창조하려 하기 때문이다." 아마 니체(의 차라투스트라)가 말하는 죽은 신은 무엇보다도 우선 예수를 가리킬 것이다. "신은 죽었다." 그 까닭은 과연 무엇인가? 어떻게 절대자이자 무한자로서 결단코 죽을 수 없는 존재자인 신이 실제로 죽임당하는 모순이 가능할 수 있는가? 동정심 때문이다. 바로 "인간들에 대한 동정심 때문에 신은 죽은 것이다."[18]

말도로르에게 짐승으로 퇴락함은, 인간으로 남았을 때 허용되지 않는 모든 종류의 욕망과 의지를 무제약적으로 실현해 나갈 수 있는, 절대적으로 자유로운 존재자가 될 무한한 상승의 길로 나아감과 완전히 같은 것을 뜻한다. 그가 자신의

18　Nietzsche(1999), 115 이하.

독자가 자신에게서 환기하기를 기대하리라고 말하는 증오는 맹목적일 뿐 아니라 근원적으로 부조리不條理 혹은 배리背理하다. 그것은 자신이 아닌 모든 살아 있는 것과 부단히 싸우고자 하는 말도로르의 근원적인 성향의 표현으로서, 순연한 파괴를 지향할 뿐이다. 그런 점에서 말도로르의 증오는, 차라투스트라의 사랑과 마찬가지로, 순연하고도 완전한, 어떤 슬픔이나 우울감과도 결합되지 않은, 홀로 있음의 발로이다.

차라투스트라가 사랑의 화신으로서 초인일 수 있는 것은, 그의 사랑이 동정심을 넘어서 있는 까닭에, 사랑의 대상인 인간을 자기 자신을 위해 필요로 하지 않기 때문이다. 한편으로 차라투스트라는 그 자신으로, 즉 초인으로 존재하기 위해 인간을 필요로 한다. 그러나 초인이 초인으로 존재하기 위해 인간을 필요로 함은 초인이 인간을 자신을 위해 필요로 함과 혼동되어서는 안 된다. 그것은 마치 태양과 지상의 생명체 사이의 관계와도 같다. 태양은 태양이 발산하는 빛과 열기를 자기의 존재의 근원적인 근거로서 받아들이는 생명체를 통해서만 비로소 그 자신으로서, 즉 밝고 뜨거운 태양으로서 존재할 수 있다. 그러나 그렇다고 해서 태양이 생명체를 자신을 위해 필요로 하는 것은 아니다. 태양과 생명체의 관계는 철저하게 일방적인 관계이다. 즉, 생명체가 자신을 위해 태양을 필요로 할 뿐, 태양이 자신을 위해 생명체를 필요로 하는 것은 아니다. 마찬가지로 초인은 초인으로서 존재하기 위해 사랑할 인간을 필요로 하지만 초인과 초인이 사랑할 인간 사이의 관계는 철저하게 일방적이다. 인간은 자신을 위해, 짐승으로 퇴락하지 않기 위해, 초인을 향해 나아가기 위해, 초인을 필요로 하지만, 초인은 자신을 위해 인간을 필요로 하지 않는다.

같은 이야기를 말도로르(의 돼지)에 대해서도 할 수 있다. 말도로르의 돼지는 그 자신으로 존재하기 위해 그가 증오하고 파괴할 동류의 종족을 필요로 한다. 오직 증오하고 파괴하려는 단호한 결의를 통해서만 말도로르의 돼지는 자기 자신일 수 있다는 뜻이다. 그러나 그렇다고 해서 말도로르의 돼지가 동류의 종족을 자신을 위해 필요로 한다고 볼 수는 없다. 자신을 위해 그 무엇을 필요로 하는 자는 응당 그 무엇의 완전한 파괴와 절멸을 바라지 않는 법이다. 자신을 위해 필요한 것이 완전히 파괴되고 절멸됨으로써 살기가 곤란해지고 심지어 고통스럽게 죽게 될 수도 있기 때문이다. 그러니 말도로르의 돼지가 동류의 종족을 완전히 파괴하고 절멸한 뒤에도 절망하지 않는 것은, 심지어 절망하기는커녕 종족이 사라져 버린 때의 자신을 '빛나는 위대함 속에서 홀로 남은' 존재자로 인식하며 자랑스러워하는 것은, 그가 신과도 같은 형이상학적 초월자가 되고자 하는 결의에 의해 움직이는 자라는 것을 드러낸다.

물론 이것은 실현될 수 없는 망념에 불과할 뿐이다. 이

'실현될 수 없음'은 인간이란 결코 신과도 같은 형이상학적 초월자가 될 수 없다는 불가능성만을 가리키지 않는다. 중요한 것은 이러한 불가능성으로서의 '실현될 수 없음'이 지니는 함의이다.

차라투스트라적 의미의 초인에게 '실현될 수 없음'은 초인을 초인으로서 존재하도록 하는 그 가능 근거이다. 그 까닭은 차라투스트라적 초인이 강하고 높은 자로서 타자 위에 군림하고자 하는 의지에 의해 움직이는 자가 아니라는 점에 있다. 도리어 그는 타자를 위한 사랑 때문에 스스로 자신의 몰락을 선택하는바, 그가 순연한 사랑의 정신으로 수행하는 선택은, 동정심을 단호히 배격한다는 바로 그러한 이유로, 초인이 되고자 하는 과정이 본질적으로 무한한 것이 되게 한다.

차라투스트라에게 신의 죽음은 동정심이 함축하는 함께-있음의 근원적 불가능성을 가리키는 말이라고 볼 수 있다. 그 누군가를 동정의 대상으로 삼는 자는 두 가지 갈림길에 서 있는 자이다. 그는 동정의 대상을 완전히 지배하는 길을 택할 수 있다. 동정의 대상이 될 만큼 비천한 자의 비천함은 본래 스스로 자신의 비천한 처지로부터 벗어날 수 없음을 가리키는 것인바, 바로 이 때문에 동정의 대상은 자신을 아끼는 타자의 지배를 필요로 하는 것이다. 하지만 만약 동정의 대상이 타자에 의한 지배를 거부할 만큼 사납고 잔인한 경우, 그리고 그 사나움과 잔인함이 결코 극복될 수 없는 것인 경우, 그는 자신이 동정하는 자와의 관계에서 자신을 끝없이 희생양으로 내어 줄 수밖에 없게 된다. 한마디로, 사납고 잔인한 짐승으로 퇴락해 갈 수밖에 없는 자를 동정하는 자는 이미 자신의 동정심을 통해 자기 자신의 죽음을 예비하고 있는 자라는 뜻이다. 그런 점에서 차라투스트라가 말하는 신의 죽음은 이중의 의미를 지닌다. 하나는 인간을 동정의 대상으로 삼는 신은, 그의 동정심이 인간을 향한 사랑의 발로라는 것을 인정하는 경우, 차라투스트라의 초인과 마찬가지로 사랑을 위해 자신의 몰락을 선택할 수 있는 선한 신이다. 또 다른 하나는 바로 이 때문에, 즉 인간 사랑 때문에 자신의 몰락을 선택한 신은 선한 존재라는 바로 그러한 이유로, 신의 죽음을 야기한 인간은 이미 사납고 잔인한 짐승으로 퇴락해 버린 존재자이며, 그에 의해 죽임당한 신이 선한 존재라는 바로 그러한 이유로, 영원한 지옥의 형벌을 받아 마땅한 존재자이다. 결국 인간을 동정한 신의 죽음은 인간을 구원받아 마땅한 존재로 드러내기는커녕 최고도로 끔찍스럽고 잔인한 형벌에 적합한 악의 존재로 드러내는 셈이다. 동정심으로 인해 사랑의 대상이 구원의 대상이 아니라 영원한 형벌의 대상이 되어 버리는 역설이 생겨난 것이다.

차라투스트라의 초인을 존재론적으로 특별하게 만드는 점이 바로 이 지점에서 발견된다. 사랑하지만 동정심을 배격하기에, 차라투스트라는 자신이 사랑하는 인간이 완전한 짐승으로 퇴락할 가능성을, 구원의 대상이 아니라 영원한 형벌의 대상이 될 가능성을, 원천적으로 배제하는 자이다. 바로 그 때문에 차라투스트라의 초인은, 인간이란 결코 신과도 같은 완전한 존재가 될 수 없다는 점에서, 그리고 그러한 유한한 존재자로서 차라투스트라의 초인에 의해 완전한 짐승으로 퇴락할 수 없는 존재자로 규정되었다는 점에서, 영원히 인간 현존재와 함께-있을 수 있는 존재자이다. 물론 인간이 완전한 짐승으로 퇴락할 수 없음은 객관적 진실 같은 것이 아니라 믿음과 결의의 진실, 차라투스트라처럼 인간 사랑 때문에 스스로 자신의 몰락을 선택하면서도 단호히 동정심을 배격하는 존재자, 즉 초인을 향한 길로 인해 마련된 진실이다.

이와 달리 말도로르(의 돼지)가 지향하는 초인은 초인이 됨으로써 초인으로서 존재할 가능성을 상실하게 되는 자가당착적 존재자를 가리키는 말이다. 왜 그러한가? 말도로르의 초인은 증오의 대상과의 투쟁을 통해서만, 증오의 대상의 학살을 통해서만, 자신이 본래적으로 추구해 온 쾌락을 느낄 수 있는 자이기 때문이다. 한마디로, 쾌락을 추구하는 성향으로 인해 그 누구와의 함께-있음도 요구하지 않을 초인이 되기를 원하는 자는 쾌락을 실현할 가능성의 소멸과 함께 초인을 향한 길을 멈출 수밖에 없는 자이다. 바로 그 때문에 돼지가 상징하는 말도로르의 완전한 퇴락은 오직 꿈속에서만 가능할 뿐이다. 그는 반-차라투스트라로서의 초인의 길을 가기 위해 끝없이 인간세상으로, 규범성을 자신의 근원적 요소로서 지니는 일상성의 세계 한가운데로, 다시 낚여 올려질 수밖에 없는 존재자인 것이다.

말도로르는 자신의 달콤하고 영광스러운 꿈이 고통스럽고 씁쓸하게 끝날 수밖에 없었다고 고백한다.

> "내 원래의 모습으로 되돌아오는 것은 나에게는 너무도 커다란 고통이어서, 밤이면, 나는 아직도 그것 때문에 울고 있다. 나의 시트들은 마치 물속에 담가진 것처럼, 항상 젖어 있고, 그래서 매일, 나는 그것을 바꾼다. 당신들이 그것을 믿지 못한다면, 나를 만나러 오라. 당신들은, 당신들 자신의 경험에 의해, 내 단언이 진실임 직한 것이 아니라, 거기에 덧붙여, 그것이 진실 그 자체임을, 확인해 볼 것이다. 아름다운 별이 빛나던 그날 밤 이후로, 마치 권리처럼, 내 파괴된 변신을 다시 회복하기 위하여, 나는, 절벽 위에서, 몇 번이나, 돼지 떼들에 섞였던가! 그들을 뒤따라간 다음에는, 영원한 회한의 창백한 은하수만을 남기는, 그 영광스런 기억들을 이제 떠나야 할 때가 되었다."[19]

---

19 로트레아몽(2020), 213 이하.

말도로르의 '떠나야 할 때'는 어떠한 시기를 가리키는 가? 우선 분명히 해 둘 점은 말도로르의 소위 영광스러운 기억들이란 꿈속에서 일어난 일에 관한 기억들을 가리킬 뿐으로, 실제의 사건들에 관한 것이 아니라는 것이다. 달리 말해, 말도로르가 말하는 영광이란 그가 소망하는 미래의 성취를 가리키는 것이다. 아니, 엄밀한 의미에서, 말도로르의 영광은 미래의 성취가 아니라 본래적으로 무시간적인 망념에서의 성취이고, '내 원래의 모습으로 되돌아오는 것이 너무나 커다란 고통이어서 밤이면 나는 그것 때문에 울고 있다'라는 말도로르의 고백은 말도로르 자신이 그 사실을 분명하게 깨닫고 있다는 것을 암시한다. 바로 그 때문에 말도로르 자신이 '그 영광스러운 기억들'을 '영원한 회한의 창백한 은하수만을 남기는' 부질없는 것으로서 폄하하는 것이다.

이전의 인용문에서 우리는 말도로르가 한편으로 자신이 인간과 완전히 무관한 존재로서의 짐승이 되었음을 선언하면서도 동시에 '인간들의 법률이 아직도 나를 괴롭히곤 했다'라고 ―분명 이전의 진술과는 모순된― 자가당착적인 고백을 하는 것을 확인했다. 눈여겨볼 점은 말도로르의 고백 속에 말도로르(의 돼지)가 인간들의 법률에 의해 일회적으로 괴롭힘을 당한 것이 아니라는 점이 드러나 있다는 것이다. 왜 말도로르(의 돼지)는, 인간과 완전히 무관한 존재인 짐승이 되었음에도 불구하고, 인간들의 법률에 의해 반복해서 괴롭힘을 당해야 하는가? 말도로르의 돼지란 되돌릴 수 없는 존재론적 패배의 순간을 그 자신에게 주어진 영원의 시간으로서 부단히 되살려야 하는 운명에 처해 있는 존재자이기 때문이다. 증오의 환기를 통한 무한대의 쾌락을 꿈꾸는 자를 기다리고 있는 것은 그 꿈이 망념에 지나지 않는다는 것에 대한 쓰디쓴 자각뿐이다. 그는, 차라투스트라의 초인과 달리, 결코 홀로 설 수 없으며, 그런 점에서 그는 영원히 초인일 수 없는 자로서 인간의 한계를 —짐승을 향한 퇴락의 과정 속에서— 부단히 넘어서야 하는 자이며, 그 완전한 퇴락을 향한 도정으로서의 넘어섬이 오직 인간 현존재와의 함께-있음을 통해서만 실현되는 것인 한에서, 그의 패배는 존재론적으로 이미 정해져 있는 것이나 마찬가지이다.

말도로르의 영원한 패배는, 그것이 존재론적으로 이미 정해져 있다는 진실은, 우리에게 무엇을 암시하는가? 아마 어떤 이는 모종의 도덕적 만족감을 느낄지도 모르겠다. 스스로 완전한 짐승으로 퇴락하기를 원하는 자에게, 그 과정 속에서 모든 살아 있는 것을 향한 파괴에의 의지를 마음껏 실현하기를 원하는 자에게, 패배가 운명처럼 피할 수 없는 것으로서 정해져 있다는 것보다 더 도덕적으로 마땅하고 올바른 일이 있을 수 있을까? 그러나 철학적으로 민감한 자라면, 논리적으로 섬세하고 정확하게 사고할 수 있을 뿐 아니라 소위 당위성의 모든 속박으로부터 벗어나 마치 하늘의 흰 구름처럼 자유롭게 자신의 사유가 흘러가도록 내버려 둘 수 있는 희귀한 역량의 소유자라면, 말도로르의 예정된 패배야말로 실은 인간 현존재로서의 존재를 향한 무시무시한 도전이자 위협이라는 사실을 이미 알아차렸을지도 모른다. 말도로르의 영원한 패배란 말도로르가 특이한 인간 현존재의 하나로서 동류의 족속과 영원히 무시무시한 투쟁을 벌일 결의의 존재자라는 것을 뜻하기 때문이다.

그가 말하는 꿈속에서의 영광스러운 기억들은 짐승으로 퇴락한 자로서 동류의 족속인 다른 짐승들과의 투쟁에서 결정적인 승리를 거두었노라는 일종의 선언과도 같다. 물론 말도로르의 소위 승리란 꿈속에서의 승리에 지나지 않는다는 점에서 그 영광이라는 것도 일종의 자기기만의 소산에 지나지 않는다. 그러니 말도로르(의 돼지)가 자신의 영광스러운 기억들을 '영원한 회한의 창백한 은하수만을 남기는' 부질없는 것으로서 폄하한다는 것은 그가 자기기만으로부터 온전히 벗어나기 시작했음을 알리는 셈이다. 자기기만으로부터 벗어난 말도로르(의 돼지)는 더 이상 ―그가 꿈속에서 자신이 온전히 그것이었노라 선언한― 짐승이 아니라 짐승으로 완전히 퇴락함을 자신이 추구해 왔고 또 앞으로도 추구해야만 하는 불가능한 목적으로서 수용한 인간 현존재이다. 즉 그는 말도로르(의 돼지)도 아니고, (돼지로서의) 말도로르도 아니며, 다만 돼지를 도래가 불가능한, 그리고 바로 이러한 점에서 실은 미래라고 할 수도 없는, 어느 망념적인 시기의 자기로서 받아들인 망령(으로서의) 말도로르, 혹은 말도로르(의 망령)이다. 문제는 말도로르(의 망령)의 도전을 받게 된 타자의 관점에서 보면 그 도전이 결코 무화될 수 없는 성격의 것이라는 점이다.

　논리적으로 생각해 보면, 말도로르의 죽음은 말도로르의 결정적이고도 되돌릴 수 없는 패배를 알리는 것이 된다. 살인에 의한 것이든, 사고에 의한 것이든, 혹은 질병이나 노화에 의한 것이든, 아무튼 말도로르가 죽기만 하면 말도로르는 자신이 원하는 바를 이루지 못한 채 소멸해 버린 셈이다. 앞에서 확인해 본 것처럼 말도로르(의 돼지)는 그 자신이 원하는 바를 이룸을 통해 그 자신으로 존재하기를 그치게 될 수밖에 없는 역설적인 존재자이기 때문이다. 달리 말해, 말도로르(의 돼지)는 인간 현존재의 완전한 파멸을 실현하는 경우에도, 반대로 실현하지 못하는 경우에도, 결국 자신의 죽음을 통해 완전한 패배를 떠안게 된다. 그러나 말도로르는 일종의 망령으로서 존재하기를 기획하는 자이다. 그가 망령으로서 존재하기를 기획하는 것은 오직 망령으로서 존재하는 현존재만이 망념의 형식으로 기획된 결코 실현될 수 없는 목적을 육체적 죽음의 한계를 넘어서 영원히 추구할 수 있기 때문이다.

　말도로르(의 돼지)의 고백에서 가장 당혹스러운 것은 그가, 한편으로는 자기에게 '더 이상 신성의 가장 작은 파편도 남아 있지 않다'는 것을 기뻐하면서도, 마치 자신의 운명이 하나님에 의해 정해지는 것처럼 말하기도 한다는 것이다. 말도로르(의 돼지)는, 자기에게 신성의 가장 작은 파편조차 없다는 것을 알고 기뻐하기 전, 자신이 인간 이하의 짐승으로 퇴락하였음을 '하나님의 편으로부터 굉장한 총애를 받은' 그 결과처럼 묘사한다. 심지어 말도로르는 자신이 짐승으로 퇴락한 상태로 머물지 못하고 다시 인간이 되어야 하는 것도 하나님의 뜻에 의한 것이라고 고백한다. 자신이 '다시 인간이 되고 있는 것을 느끼며,' 말도로르는 '하나님은 그렇게, 설명할 수 없는 것은 아닌 방법으로, 자신의, 몽상으로조차, 나의 숭고한 계획들이 완수되는 것을 바라지 않는다는 것을 내게 깨닫게 하였다'라고 고백하는 것이다. 따라서, 적어도 말도로르(의 돼지)이기를 그치고 말도로르(의 망령)가 된 말도로르의 관점에서 보면, 그가 인간 현존재의 하나로서 일상세계에서 공동 현존재와 함께 인간 현존재의 완전한 파멸을 위해 부단히 싸워야 하는 존재자라는 것은 일종의 숙명인 셈이다.

　물론 말도로르가 실제로 신의 존재를 믿는 자라는 식으로 생각할 필요는 없을 것이다. 신이란 말도로르(의 망령)의 사유 속에서 자신의 투쟁을 영원하고 부단한 것으로서 상정하도록 하는 어떤 존재론적 근거를 가리키는 말일 뿐이기 때문이다. 그렇다면 말도로르(의 망령)란 육체를 지닌 현실적 존재자로서의 말도로르에게서 발견되는 하나의 개별화된 망령이라는 제한된 의미를 지니지 않는 셈이다. 그러한 의미의 망령이란 말도로르의 죽음과 더불어, 말도로르가 남긴 유산에 대한 망각과 더불어, 결국 사라져 버릴 것이기 때문이다. 말도로르(의 망령)는 실은 말도로르가 자신에게서 증오의 환기를 원할 것이라고 묘사한 독자들, 즉 우리 자신이다. 말도로르의 독자가 있는 한에서, 말도로르에게 증오의 환기를 기대하며, 말도로르에 의해 환기된 증오가 열어 놓을 검고 아름다운 공간 속에서 배를 뒤집은 채 부유하며 무한한 쾌락 속으로 함몰함을 자신의 어떤 근원적이고도 본래적인 존재이유로 발견하게 되는 그러한 상어로서의 자기가 도래하기를 고대하는 현존재가 있는 한에서, 인간의 파멸을 향한 말도로르의 투쟁은 결코 끝나지 않을 것이라는 뜻이다. 어떤 의미로 말도로르의 영원하고도 결정적인 패배의 순간은 동시에 영원하고도 결정적인 승리의 순간이기도 하다. 스스로 망령이 되기로 결심한 말도로르를 통해 증오의 환기가 일회적인 것이 아니라 영원히 반복해서 자신을 되잡아 일어날 존재론적 사건이 되었기 때문이다.

144

말도로르(의 망령)는 일상적이고 비본래적인 자기와 본래적인 자기의 완전한 통일을 구현하고자 하는 존재론적 기획의 표현이다

말도로르에게 증오의 환기를 바라는 독자란 과연 누구인가? 필자는 말도로르의 독자가 인간 현존재 모두를 가리키는 말이라고 여긴다. 물론 모든 인간 현존재를 독자로서 지닐 수 있는 책은 없다. 그러나 글쓴이가 모든 인간 현존재를 자신의 잠재적·현실적 독자로 삼는 일은 충분히 가능하다. 글쓴이가 말하는 독자란 본래 글쓴이와 같은 종류의 존재자로서 글쓴이의 관점과 주장을 이해할 가능성을 지닌 모든 인간 현존재를 가리키는 것이기 때문이다.

전통 철학적인 방식으로 표현하자면, 누군가에게 글을 쓰거나 말을 걸 때, 우리는 암묵적으로 그가 자신과 동일한 이성의 소유자라는 것을, 그리고 자신이 글과 말을 사용해 언급하는 것이 그에게도 자신과 동일한 존재(者)로서의 의미를 지닌다는 것을 전제하기 마련이다. 이것은 극히 적은 수의 사람들만이 이해할 수 있는 특별하고 난해한 글과 말에 대해서도 마찬가지로 통용된다. 예컨대 천재적인 사상가나 과학자는 모든 사람이 자신의 글과 말을 이해할 지적 역량을 지니고 있다고 생각할 수 없다. 그럼에도 그는 암묵적으로 누군가 한 인간으로서 올바로 사유할 역량을 충분히 지니고 있기만 하다면 자신의 글과 말을 —그와 자신이 공통으로 알고 있는 어떤— 한 동일한 존재(者)에 관한 것으로서 명확하게 이해하고 인정하게 되리라는 것을 전제하게 된다.

『말도로르의 노래』의 가장 두드러진 특징 가운데 하나는 일인칭 시점과 삼인칭 시점이 수시로 번갈아 가며 나타난다는 점이다. 달리 말해, 글쓴이가 말도로르 본인인지, 아니면 말도로르의 독자 내지 관찰자인지 모호하고 불분명하다는 것이다. 관점에 따라서는 『말도로르의 노래』의 이러한 특징을 저자인 로트레아몽의 한계라고 볼 수도 있을 것이다. 1846년 4월에 태어나 1870년 11월에 죽었으니, 로트레아몽은 25년도 살지 못했다. 1868년에 『말도로르의 노래』의 제1집을 익명으로 자비 출판하기 이전에 그가 특별히 주목할 만한 작품을 남긴 것도 아니다. 그러니 『말도로르의 노래』를, 독자에게 매우 희귀한 감성과 사유를 전해 준다는 점에서 특별하기는 해도, 사상적으로나 기법적으로나 아직 미숙한 면이 많은 작품으로 간주해도 잘못이라고 단정할 수는 없을 것이다. 그러나 필자는, 로트레아몽이 의도했든 의도하지 않았든, 『말도로르의 노래』는 일인칭 시점과 삼인칭 시점의 혼용을 통해서만 말도로르적 사유에 적합한 작품이 될 수 있었다고 본다. 말도로르란 오직 말도로르(의 망령)로서만 영원히 투쟁할 수 있는 존재자이기에, 말도로르의 진술 속에서 그가 대화의 상대자로 삼는 독자란 실은 말도로르의 또 다른 분신, 말도로르(의 망령)의 바

이러스적 자기분열의 결과인 동일한 (말도로르의) 망령을 가리키는 것이기 때문이다.

『말도로르의 노래』에서 저자와 독자, 진술자와 청자가 일인칭과 삼인칭의 혼용을 통해 분리 불가능하게 된다는 것은 말도로르적 사유방식이, 비록 실제적으로는 매우 희귀한 것이기는 해도, 인간 현존재의 근원적 사유의 하나로 파악되어야 한다는 것을 암시한다. 말도로르를 통해 드러나는 현존함의 방식은 대체 어떠한 것인가? 그것은 단순히 도덕적인 것도 아니고, 단순히 반ℵ-도덕적인 것도 아니며, 순연하게 선을 지향함과 같은 것도, 반대로 순연하게 악을 지향함과 같은 것도 아니다.

말도로르가 순연하게 선을 지향하며 현존하는 존재자가 아니라는 것에 대해서는 이론의 여지가 없다. 결국 그는, 짐승으로서든 인간으로서든, 꿈속에서이든 실제의 세계에서이든, 자신의 종족의 파멸 내지 절멸을 지향하는 존재자인 것이다. 그렇다면 말도로르는 순연하게 악을 지향하는 존재자라고 말해야 하지 않을까? 절대자인 신에게 대적하는 자는 순연하게 악을 지향하는 존재자라는 식의 종교적 관점을 취하지 않는 한에서, 말도로르를 순연하게 악을 지향하는 존재자라고 보기는 어렵다. 앞에서 확인한 것처럼, 말도로르는 자신에게 증오의 환기를 기대하는 독자가 자신을 통해 이루어질 증오의 환기를 통해 쾌락에 잠길 것이라고, 증오가 환기되기 이전보다 이후를 더욱 선호하게 될 것이라고 선언한다. 즉 말도로르는 자신의 독자를 위해 좋은 것, 자신의 독자가 기꺼워할 만한 것, 그렇기에 자신의 독자에게 결국 좋은 것으로서 해석되어야 하는 어떤 것을 지향하는 존재자이다.

논리적으로, 그리고 현실적으로, 말도로르의 선언은 본래 어불성설이다. 그가 말하는 독자란, 필자의 해석이 맞는다면, 결국 모든 인간 현존재를 가리키는 것이고, 설령 필자의 해석이 틀린다고 하더라도, 아무튼 많거나 적은 수의 인간 현존재를 가리키는 것이라는 점은 틀림없다. 그렇다면 말도로르는 결코 자신의 독자를 위해 좋은 것을 지향하는 존재자일 수 없다. 자기 종족의 파멸 내지 절멸을 지향하는 존재자라는 점에서, 말도로르의 독자에게 말도로르란 자신을 죽일 결의에 의해 움직이는, 그리고 바로 그러한 점에서 불구대천의, 원수 이상도 이하도 아니기 때문이다.

불구대천지원수不俱戴天之怨讐라는 관용어의 사전적 뜻처럼, 말도로르와 말도로르의 독자는 한 하늘에서 더불어 살 수 없는, 혹은 함께 한 하늘을 머리 위에 둘 수 없는 사이이다. 양자가 한 하늘에서 더불어 살 수 없는 까닭은, 말도로르의 독자 역시 말도로르와 마찬가지로 말도로르(의 망령)일 뿐이라는 바로 그러한 이유로, 양자가 서로의 파멸 내지 절멸을 바라기 때문이다. 양자가 함께 한 하늘을 머리 위에 둘 수 없는 까닭은, 설령 종종 말도로르의 혼란스러운 진술을 통해 암시되듯 말도로르가 증오의 대상으로서 대적하는 하나님 자신이 말도로르의 운명을 예비해 두었다고 해도, 결국 자기의 종족을 절멸하고자 하는 투쟁에서 최종적으로 승리를 거두는 것은 오직 하나의 말도로르(의 망령)에게만 허용될 것이기 때문이다.

그러나 존재론적으로 보면, 말도로르를 자신의 공동 현존재를 위해 좋은 것으로서의 선을 지향하는 존재자로 규정하는 것이 불가능한 것은 아니다. 왜 말도로르는 말도로르이기를 원하는가? 모든 종류의 구속으로부터 벗어난 절대의 자유를 원하기 때문이다. 차라투스트라의 초인이 추구하는 자유와 비교해 볼 때, 말도로르가 추구하는 자유는 아마 본질적으로 열등한 것으로서 파악되어야 할 것이다. 짐승으로 온전히 퇴락함으로써만 허용되는 자유라는 점에서도 그렇고, 전통적 윤리학의 관점에서 보면, 증오와 분노의 감정을 이겨 낼 수 없는 정신의 자유라는 점에서도 그렇다. 그러나 존재론적으로 보면, 말도로르가 추구하는 자유가 차라투스트라의 초인이 추구하는 것보다 반드시 열등하기만 한 것은 아니다.

차라투스트라의 자유는 일상세계를 지배하는 모든 종류의 도덕을 초월할 것을 요구하지만 그럼에도 여전히 일종의 새로운, 즉 차라투스트라의 출현을 통해 비로소 분명하게 드러나게 된, 도덕적 당위성을 따를 것을 암묵적으로 전제한다. 결국 차라투스트라가 말하는 초인이란 지금의 자기보다 기어이 고차원적인 존재가 되어야만 하는 존재자로서, 지금의 자기를 도래할 미래의 보다 고차원적인 자기를 향한 사랑과 긍정의 정신을 통해 부정해야 한다는 당위성에 입각해서 사유하고 행위하는 자인 것이다.

이에 반해 말도로르가 추구하는 자유는 지금의 자기를 부정함으로써 성취되는 종류의 자유가 아니다. 아니, 엄밀히 말해 말도로르 역시 지금의 자기를 부정함으로써만 성취되는 종류의 자유를 지향한다고 볼 수 있다. 그러나 말도로르에 의해 부정될 자기는 도덕성을 추구하는, 즉 언제나 이미 일상성의 근원적 요소로서의 규범성에 의해 잠식된 의식을 지니고 살아가는, 그러한 자기에 한정된다. 그렇다고 말도로르가 추구하는 자유가 일상적인 자기를 순연하게 부정함을 요구한다고 보기도 어렵다. 결국 말도로르가 증오를 환기할 자리는 일상세계일 수밖에 없기 때문이다.

말도로르의 싸움터는 바로 일상세계이다. 그것은 그가 증오의 환기를 추구하는 자, 자신의 독자에 의해 증오를 환기하도록 기대되는 자라는 점으로부터 필연적으로 따라 나오는 결론이다. 그가 환기할 증오가 공동 현존재를 향한 증오인 한에서, 그가 파멸시키고 더 나아가 절멸하고자 싸울 대상이 공동 현존재인 한에서, 그리고 공동 현존재와의 싸움이 벌어질 장소는 일상세계일 수밖에 없다는 바로 그러한 점에서, 말도로르는 규범적 일상성으로부터의 완전한 해방을 추구하는 존재자, 규범적 일상성에 의해 특징될 일상세계와 근원적으로 무-연관적인, 그리고 바로 이러한 의미로 본래적인, 현존재이다. 그러나 말도로르의 본래적인 자기는 일상적이고 비본래적인 자기와 별개의 존재인 것이 아니라 실은 그 근원적 가능 근거로서 언제나 이미, 그리고 존재론적 시간의 끝점으로서의 죽음을 향해 가는 모든 순간 속에서, 철저하게 일상적인 자기이기도 하다. 결국 일상세계의 근원적 요소로서의 규범성은 잠재적으로, 그리고 분명 현실적으로도, 말도로르(의 망령)로 존재할 인간 현존재의 가능성에 근거를 두고 있는 것이기 때문이다.

여기에는 이해하지 못할 아포리아 같은 것은 아무것도 없다. 일상세계의 근원적 요소로서의 규범성이란 원래 인간 현존재가 상반된 지향점을 지닌 두 가지 존재의 운동의 가능성을 지니는 존재자라는 것을 드러내는 것이다. 하나는 순연한 선을 지향점으로 지니는 존재의 운동이다. 규범이란 선을 지향할 인간의 가능성, 지금의 자기보다 선한 도래할 미래의 자기를 자신의 근원적 존재기획의 목적으로서 상정할 인간의 역량에 근거를 두고 있는 것이다. 또 다른 하나는 순연한 악을 지향점으로 지니는 존재의 운동이다. 선을 지향할 인간의 가능성이 규범의 근거인 것과 마찬가지로, 악을 지향할 인간의 가능성 역시 규범의 근거이다. 결국 인간이 이미 다소간 악한 존재자라는 것, 그리고 바로 그러한 존재자로서의 인간에게는 도래할 미래의 자기가 지금의 자기보다 선하기는커녕 도리어 악할 수 있다는 것을 전제로 하지 않는 규범이란, 적어도 일상세계에서 특정한 종류의 말과 행위를 금하는 것으로서는, 있을 수 없는 것이다.

결국 말도로르란, 자신에게 독자가 기대하는 것이 증오의 환기임을 믿고 받아들이는 존재자로서, 존재론적으로 여러 층위의 존재의미를 자기 안에 하나로 통합한 희귀한 존재자인 셈이다. 규범적 일상성으로부터의 완전한 해방을 추구한다는 점에서 말도로르는 일상적 자기의 비본래성을 거부하고 본래성을 되찾을 결의를 품은 현존재이다. 그러나 다른 한편으로, 자신이 환기할 증오로 말미암아 부단히 일상세계 안에서 공동 현존재와 서로의 완전한 파멸과 절멸을 지향하는 투쟁을 벌일 운명에 처해 있는 존재자라는 점에서, 그의 소위 본래적인 자기는 여전히, 철저하게, 비본래적인 자기로 남아 있다고 볼 수 있다. 말도로르에게서 나타나는 이러한 모순, 서로 양립할 수 없는 두 가지 상반된 자기의 통일이라는 의미의 존재론적 자가당착은 그가 자기 종족의 완전한 파멸과 절멸을 지향함으로써 존재론적으로는 도리어 자기 종족의 완전한 해방과 자유를 추구하는 존재자라는 것을 뜻하기도 한다. 바로 그 때문에, 실제로 그가 자신의 종족과 벌이고자 하는 무시무시한 투쟁의 결과가 얼마나 참혹할 수 있는지 고려해 보면 참으로 뻔뻔스럽게도, 말도로르는 자신의 독자가 자신이 이룰 증오의 환기를 통해 무한한 쾌락에 잠길 것이라고 선언한다.

자기 종족의 완전한 절멸을 추구하며 피비린내 나는 투쟁을 벌일 인간 현존재가 느낄 무한한 쾌락이란 대체 어떠한 것인가? 이러한 투쟁 속에서 인간 현존재는 마땅히 비참한 죽음과 고통 앞에서의 두려움, 불안 등에 시달려야 하지 않을까? 물론 그렇다. 한편으로 인간 현존재는, 적어도 삶을 존속하고 또 증진해 나가고자 하는 소망과 의지를 지니고 있는 한에서는, 이러한 소망과 의지에 불리하게 작용할 모든 것을 피해야 한다는 의미로, 마땅히 비참한 죽음과 고통 앞에서의 두려움과 불안에 시달려야 한다. 또한 다른 한편으로 인간 현존재는 맹목적인 증오와 투쟁에 의해 생겨나는 고통과 죽음이란 도덕적으로 부당한 것으로 파악되어야 한다는 의미로 마땅히 말도로르적 증오의 환기가 초래할 비참한 죽음과 고통 앞에서의 두려움과 불안에 시달려야 한다. 그러나 말도로르(의 망령)처럼 규범적 일상성으로부터의 완전한 해방을 추구하는 자에게는 바로 이러한 두려움과 불안이야말로 자신과 공동 현존재로 하여금 규범에의 예속을 받아들이도록 하는 그 근본 원인이고, 그런 한에서 모든 종류의 예속을 초극함으로써만 실현될 온전하게 자유로운 삶을 불가능하게 할 뿐 아니라 인간 현존재 스스로 온전하게 자유로운 삶의 이상을 악한 것으로서 거부하게 하는 그 이유이기도 하다.

물론 구체적인 삶의 세계인 일상세계에서 증오의 환기

153

가 실제적이고 온전하게 자유로운 삶의 실현을 가능하게 하리라고 기대할 수는 없다. 실은 증오 및 증오가 야기할 폭력이야말로 규범의 가능 근거일 뿐 아니라 그 부단한 재생산 및 확산의 이유이기 때문이다. 그러니 말도로르가 독자에게 약속하는 쾌락이란 결국 (말도로르의) 망령으로서만 맛볼 수 있는 것인 셈이다. 그럼에도 말도로르를 통해 구현된 반-초인으로서의 초인에게도 차라투스트라의 초인, 즉 본래적 의미의 초인보다 더욱 탁월한 존재론적 의미가 하나 부여되어 있다는 것은 부정하기 어렵다.

차라투스트라의 초인에게 온전하게 자유로운 삶이란 지금의 자기를 부정하고 보다 고차원적인 자기가 되어 가는 과정 자체를 의미할 뿐이다. 그 과정 속에서 인간 현존재는 구체적이고 일상적인 자기를 스스로 부단히 부정해야 하며, 이는 곧 자신이 실제적인 삶의 세계에서 품게 되는 이런저런 구체적인 욕망과 의지의 실현을 보다 고차원적인 욕망과 의지의 출현을 위해 다소간 자신을 위해 부적합한 것으로서 판단하고 억눌러야 함을 뜻한다. 물론 원한다면 참된 의미의 초인에게는 보다 고차원적인 욕망과 의지의 출현을 위해 이런저런 구체적인 욕망과 의지의 실현을 억누름 자체가 자신의 강함과 탁월함의 드러남이고, 그런 한에서 자신을 위해 최상으로 기쁘고 즐거운 일이 된다는 식으로 주장할 수도 있을 것이다. 아마 차라투스트라와 같거나 근접한 정도로 탁월한, 그리고 그런 점에서는 분명 희귀한, 그러한 인간 현존재에게는 지금의 자기를 보다 고차원적인 자기의 도래를 위해 부단히 극복해 나가는 과정 자체가 매우 기쁘고 즐거운 일일 것이다. 그러나 실은 바로 이러한 이유로 차라투스트라의 초인은 그가 끝물 인간이라고 부르는 대다수의 인간 현존재에게 자기 자신의 존재가 하나의 억압적 이상理想처럼 해석되고 받아들여질 여지를 남긴다. 차라투스트라의 초인이 되기 위해서는, 그가 권면하는 방식의 삶을 살기 위해서는, 지금 당장 누리고 있는 적당한 행복과 쾌락을 스스로 포기하는 법을 배워야 하기 때문이다.

사실 대다수의 인간 현존재에게 억압적 이상일 수 있는 것은 말도로르 역시 마찬가지이다. 차라투스트라와 같거나 근접한 정도로 탁월한 인간이 희귀하듯이, 말도로르처럼 자신의 종족의 완전한 절멸을 단호하게 결의할 인간 역시 매우 희귀하기 때문이다. 그러나 짐승으로 퇴락함을 도리어 기꺼워하는 존재자로서 말도로르가 약속하는 쾌락은 기나긴 자기 초극의 과정을 전제하지 않는다. 일상세계를 지배하는 규범에 예속된 정신을 지닌 자는 누구나 자신에게서 규범에 자신이 예속되어 있음을 정당하게 만드는 모종의 폭력성을, 증오를, 분노를, 증오의 무한한 환기를 지향하는 어떤 어둡고 퇴락한 의지를 발견하기 마련이다. 말도로르가 약속하는 쾌락은 먼 미래에야 비로소 얻게 될 수 있는 쾌락이 아니라 지금

당장, 자신이 줄곧 그 안에서 삶을 꾸려 온 일상세계 그 자체 안에서, 여전히 철저하게 일상적이고 평균적인 세인의 한계를 온전히 극복하지 못한 채로도 얻을 수 있는 쾌락이다. 일상세계 자체 안에서 일상성의 근원적 요소로서의 규범성의 존재론적 가능 근거인 증오와 분노, 맹목적인 파괴에의 의지와 욕망 등이, 도덕과 법을 비롯한 이런저런 제도적 장치들에 의해 은밀하거나 공공연한 방식으로 억압되고 통제된 것으로서, 언제나 이미 작용하고 있기 때문이다.

물론 그 쾌락은 자신이 지향하는 것의 구현을 통해 얻게 될 쾌락이 아니다. 이미 앞에서 확인했듯이, 존재론적으로 말도로르(의 망령)인 모든 인간 현존재에게 자기 종족의 완전한 절멸이란 자신의 존재 자체를 자가당착적인 것으로 만드는 것이기 때문이다. 그러나 이미 말도로르적으로 결의하며 살게 된 인간은 이미 말도로르적으로 꿈을 꾸게 된 존재자이고, 바로 그렇기에 말도로르가 자신의 꿈에서 퇴락한 짐승으로서 맛보았던 쾌락과 기쁨을 동일한 방식으로 누릴 수 있다.

혹시, 결코 실현될 수 없는 것을 꿈꾸는 동안 생겨나는 것이라는 점에서, 말도로르(의 망령)가 누릴 쾌락과 기쁨은 흐릿하고 몽롱할 뿐, 결코 생생할 수 없다고 여기는가? 그러나 바라던 바가 실제로 이루어짐으로써 얻게 되는 쾌락과 기쁨은 짧게 지속하다 스러져 버리는 법이다. 쾌락과 기쁨을 포함하는 모든 감각과 감정은 본래 무상한 것인바, 자신을 불러일으킨 특정한 원인이 사라지면 함께 쉬이 소멸해 버리기 때문이다. 바라던 바가 실제로 이루어짐이란 한순간의 사건이기에, 바라던 바가 실제로 이루어지는 순간, 소원성취라는 의미의 쾌락과 기쁨의 원인은 이미 사라진 셈이고, 그렇기에 그 결과로서의 쾌락과 기쁨 역시 쉬이 소멸해 버릴 수밖에 없는 것이다. 그러나 말도로르(의 망령)가 누릴 쾌락과 기쁨은 소멸하기도 어려울 뿐 아니라 설령 소멸한다고 하더라도 언제든 쉬이 되살아날 수 있다. 그 원인이 한순간의 사건이 아니라 우리의 정신 속에서 지속하는 집요한 욕망과 의지, 우리 자신의 존재를 망령스러운 것으로 만들어 버리는 완전한 자유의 실현을 향한 동경과 믿음에 있기 때문이다.

　게다가, 히브리서에 의하면, 믿음은 바라는 것들의 실상實相이요, 보지 못하는 것들의 증거證據라고 하지 않던가. 아마도 선한 하나님의 존재를 믿는 자는 모든 세계가 하나님의 말씀으로 지어진 것을 믿음으로 알고 있노라고 자부할 것이다. 마찬가지로 말도로르에 의한 증오의 환기가 눈에 보이지 않는 어떤 순연한 —예컨대 우리 자신의 존재의— 근원성의 드러남이라고 믿는 자에게는 모든 세계가 그 근원성을 통해, 실제로는 언제나 이미 이런저런 규범들에 의해 잠식된 세계로서 있어 왔을 뿐 아니라, 앞으로도 줄곧 그러한 세계로 남게 될 것임에도 불구하고, 규범과 온전히 무-연관적임을 세계의 근원적 본질과 같은 것으로서 드러내고 있는 것으로서 새롭게 발견될 것이다.

저자와 독자, 진술하는 자와 청자가 명확히 나뉠 수 없는 것으로서 혼용되는 말도로르의 세계 안에서 이러한 증오의 진실을 믿음으로 받아들이는 자는 결코 희귀하지 않다. 실은 말도로르의 독자 모두가, 말도로르가 자신과 동일한 정신의 소유자로 전제하는 모든 인간 현존재가, 언제나 이미 증오의 진실을 믿음으로 받아들여 온, 그리고 분명 앞으로도 부단히 받아들이게 될, 존재자이다. 그 분명한 증거는 일상적 존재자로서의 우리 자신의 존재 자체이다. 분명 우리의 현사실성에는 '일상세계의 규범성에 자신의 정신이 예속되어 있음' 역시 속해 있기 때문이다. 그 현사실성을 통해 언제나 이미 밝히 드러나 있는 것은 우리가 궁극의 선과 악을 자신이 지향할 수 있는 두 가지 상반된 존재의 운동의 역설적이고 자가당착적인 통일체로서 실존할 수밖에 없다는 존재론적 진실이다. 우리 모두가 실은 말도로르(의 망령)로 존재해 왔으며, 또 앞으로도 그렇게 존재하게 될 것이다.

대다수의 인간 현존재에게 말도로르(의 망령), 즉 무시무시한 증오와 분노의 불길, 자기의 종족을 완전하고도 최종적으로 절멸하고자 하는 맹목적인 욕망과 의지에 시달리는 자가당착적인 정신은 보통 일종의 악령으로서 발견된다. 그러나 존재론적으로 악령이란, 그것이 실은 인간 현존재의 존재론적 자기인 말도로르(의 망령)에 대한 부정과 거부의 표현이라는 점에서, 자기기만의 소산일 뿐이다. 모든 인간 현존재의 자기에는 말도로르(의 망령) 혹은 악령이 필연적으로 속해 있다. 한 가지 분명한 것은, 선을 지향하든 반대로 말도로르처럼 악을 지향하든 상관없이, 악령이란 존재론적 자기기만에 의해 왜곡된 자기 자신 외에 다른 아무것도 아니라는 존재론적 진실을 직시할 근원적이고도 본래적인 책임이 인간 현존재에게 부과되어 있다는 것이다. 그 까닭은 오직 악령으로서의 자기의 진실을 직시할 수 있는 자만이 자신의 도래할 미래를 스스로 선택할 수 있기 때문이다.

보론補論: 하이데거의 존재론은 말도로르(의 망령) 내지 악령으로서의 자기의 진실을 직시하지 못한 하이데거의 자기기만의, 혹은 최악의 경우 이러한 진실을 직시한 하이데거의 의도적 타자-기만의, 산물이다

필자는 이 글의 서론에서 자기 시대의 진실을 온전히 직시하기를 거부했던 하이데거의 위선과 비겁에 대해 말했다. 이제 존재론적으로 하이데거의 위선과 비겁이 지니는 의미가 무엇인지 구체적으로 밝힐 수 있게 되었다. 하이데거가 철학자로서 가장 활발하게 활동하던 시기는 악령이란 존재론적 자기기만에 의해 왜곡된 자기 자신 외에 다른 아무것도 아니라는 존재론적 진실을 직시할 근원적이고도 본래적인 책임이 인간 현존재에게 부과되어 있다는 것이 매우 분명하게 드러나 있던 때였다.

물론 이러한 정황에 관해 상세하게 논하는 것은 이 글의 목적도 아니고, 이 글의 한계를 크게 넘어서는 일이기도 하다. 언젠가 별도의 책을 통해 독자들에게 이 주제에 관한 필자의 입장을 알리게 될 때가 있을 것이다. 그러나 왜 하이데거가 열어 놓은 존재론적 사유가 말도로르 및 말도로르의 독자가 지나간 그 황폐한 사유의 길을 반드시 지나가야 하는지 이해하는 데 도움이 될 것이므로 이 글에서도 간략하게나마 이 주제에 관해 다루는 것이 나쁘지는 않을 것이다. 우리가 지금 생각을 정리해야 할 물음은 다음의 두 가지로 나뉠 수 있다. 첫째, 하이데거가 자기 시대에 분명하게 드러난 존재론적 진실, 즉 악령이란 존재론적 자기기만에 의해 왜곡된 인간 현존재의 자기 자신이라는 진실을 직시하지 않은 까닭은 무엇인가? 둘째, 하이데거가 이러한 존재론적 진실을 직시할 근원적이고도 본래적인 책임이 인간 현존재에게 부과되어 있다는 것을 논하지 않은 까닭은 무엇인가?

하이데거에 대한 필자의 비판이 나치즘에 부역했던 자신의 과오를 진솔하게 인정하고 뉘우치기를 거부한 하이데거의 비양심에 한정된 것이라고 단정하는 일은 없기를 바란다. 물론 나치즘은 분명 매우 악하고 폭력적인 정치적 이데올로기였다. 그렇기에 하이데거처럼 나치즘에 부역했던 자는 자신의 과오를 솔직하게 인정하고 반성하는 태도를 보여야 한다. 살인자의 범죄를 도운 행위는, 설령 자신이 도운 자가 실제로 살인을 저지를 것이라고 생각하지 못했다고 하더라도, 분명 잘못이며, 따라서 피해자를 향한 진솔한 반성과 사과가 뒤따라야 한다. 자신이 도운 자가 살인을 저지를 것이라는 것을 몰랐기에 나에게는 큰 잘못이 없다는 식의 변명은 허용될 수 없다는 것이다. 게다가 살인자가 살인을 저지르기 이전에 '나는 장차 살인을 저지를 것이고, 나에게는 그럴 권리가 있다'라는 식으로 이미 공언한 적이 있다면, 그리고 살인자의 공언을 살인이 일어나기 이전에 이미 알고 있었다면, 살인자가 살인을 저지를 것이라고 생각하지 못했다는 항변은 이미 그 자체로, 적어도 윤리적으로는, 용서받기 어려운 하나의 범죄이다. 그런 점에서 하이데거의 비양심은 변명의 여지가 없다. 나치즘이 유대인 및 기타 여러 인종에 대해 매우 부당하고 폭력적인 입장을 지니고 있다는 것은 하이데거가 나치즘에 부역하던 시기에 이미 공인된 사실이었으니 말이다.

그러나 하이데거의 과오를 나치즘과의 관계에만 국한한 채 비난하는 자야말로 실은 최악의 자기기만에 빠져 있는 자이기 쉽다. 독일과 전쟁을 벌였던 소위 연합국들 역시 천사의 나라들은 아니었다. 이스라엘을 예외로, 비유럽권에 속한 대다수 국가의 사람들의 관점에서 보면, 독일이 아니라 연합국에 속하는 국가들이 그들에게 훨씬 더 커다란 고통과 굴욕을 안겨 주었다. 소위 제1차 세계대전과 제2차 세계대전은 결국 제국주의 국가들 사이에서 벌어진 전쟁일 뿐이었다. 설령 히틀러의 제3제국이 완전한 악의 세력이었다고 전제하더라도, 제3제국에 맞서 싸운 국가들이 새하얀 천사의 국가들이었다는 결론이 나올 수는 없다. 제3제국은 악령이란 존재론적으로 인간 현존재의 자기기만의 산물에 불과하다는 것을 드러내는 하나의 표본에 지나지 않았다. 물론 그것은 그 유례를 찾기 어려울 정도로 극명하고 전형적인 표본이다. 그러나 제3제국에 맞서 싸운 국가들 역시 표본이기는 마찬가지였다.

필자가 말하는 하이데거의 비겁과 위선은 나치즘에 한정될 수 없는, 보다 근원적이고 포괄적인 역사적 진실에 관한 것이다. 그것은 바로 근현대의 지배적인 사유란 인간 현존재를 생산을 위한 부품으로 존재하도록 몰아세우는 계산적 사유라는 진실이다.

잘 알려져 있듯이, 하이데거는 소련식 사회주의와 미국식 자본주의를 근현대가 소위 계산적 사유에 의해 지배되는 시대임을 알리는 전형적인 표본으로 이해한다. 하이데거가 짧은 시간 동안이나마 나치즘에 동조한 이유 중 하나는 나치즘이야말로 계산적 사유의 폭력을 극복하게 할 가능성을 드러내고 있다는 생각일 것이다. 나치즘으로 뭉뚱그려져 언급되는 사상적 경향들이 실제로는 꽤 잡다한 것이기는 했어도,

아무튼 하이데거처럼 나치즘을 —공동체적 사랑과 연대감의 구현체로서의— 민족정신과 자연적인 인성의 회복을 지향하는 정치운동으로 받아들이는 사람들은 당시에 적지 않았다. 존재론적으로 표현하자면, 나치즘에 대한 하이데거의 동조는 인간 현존재의 근원적이고도 본래적인 삶의 방식으로서 거주하며-함께-있음을 근현대의 계산적 사유에 대한 폭력적 부정을 통해 회복하고자 하는 의도에서 기인하는 것이라고 볼 수 있다. 근래에 『검은 노트』의 출판으로 인해 불거진 하이데거의 반-유대주의의 문제도 실은 같은 맥락에서 고찰할 문제이다. 하이데거는, 적어도 『검은 노트』의 텍스트들을 작성하던 시기에는, 유대주의를 계산적 사유의 시발점이자 그 표본적 표현으로 이해하고 있었다.

그러나 이것은 동시에 나치즘의 전개 속에서 이루어져야 할 민족정신과 자연적인 인성의 회복이란 결국 유대인들에 대한 폭력으로 이어질 수밖에 없고, 또 나치즘의 관점에서 보면 분명 그래야만 하는 것임을 하이데거가 알고 있었다는 뜻이기도 하다. 게다가 유대주의란 하이데거에게 계산적 사유의 표본들 가운데 하나에 지나지 않는다. 하이데거의 관점에서 보면, 소련식 사회주의와 미국식 자본주의 역시 근현대의 계산적 사유가 역사 속에서 자신을 구체적으로 실현해 나가는 과정 속에서 생겨난 그 필연적인 결과물일 뿐이었다. 그러니 하이데거가 나치즘에 부역하며 기대한 '계산적 사유에 대한 폭력적 부정'은 적어도 세 가지 이데올로기에 대한 절멸의 의지를 전제하는 셈이다. 유대주의, 미국식 자본주의, 소련식 사회주의가 그것이다. 물론 이데올로기 자체만을 폭력적 부정의 대상으로 삼는 일은 가능하지 않다. 하나의 이데올로기에 대한 투쟁은 결국 그 이데올로기를 자신의 신조로서 받아들인 사람들을 향한 투쟁일 수밖에 없다. 그런 한에서 하나의 이데올로기를 폭력적으로 부정하고자 하는 의지는 그 이데올로기를 자신의 신조로서 받아들인 사람들을 폭력적으로 —예컨대 학살이나 강제적 교화敎化 등의 방법을 통해— 부정하고 무화하고자 하는 의지와 다르지 않다.

결국 하이데거가 자신의 정치적 선택을 정당화할 수 있는 유일한 가능성은 유대주의, 미국식 자본주의, 소련식 사회주의 등을 통해 표본적으로 드러난 계산적 사유를 폭력적으로 부정하는 것이 그렇게 하지 않는 것보다 인류의 미래를 위해 더욱 바람직하다고 믿었노라는 식의 변명인 셈이다. 생산을 위한 부품으로서 존재하도록 몰아세워진 인간 현존재는 인간 현존재로서의 존재의미를 상실할 위기에 처한 자이고, 이러한 위기가 극복되지 않는다는 것은 인간 현존재가 본래적으로 무가치해진다는 것을 뜻할 수밖에 없을 것이다. 왜 부품으로서 존재하게 된 인간 현존재는 본래적으로 무가치한가? 부품이란 부품으로서의 효용성이 있을 때만 가치가 있는 것이기 때문이다. 부품으로 존재하게 된 인간 현존재는 부품으로서의 효용성을 통해 존재할 가치를 획득하는 존재자이고, 그런 한에서 본래적으로 무가치할 수밖에 없다. 그러니 계산적 사유에 대한 투쟁은 인류의 구원을 위한 투쟁인 셈이다. 인류 전체가 본래적으로 무가치한 존재자로 전락해 버리는 것을 막을 목적으로 나치즘을 지지하게 되었다는 주장은 자신으로 하여금 나치즘을 지지하도록 한 동기 자체는 선했노라는 주장과 같다. 하이데거의 이런저런 변명들 역시 실은 이러한 주장으로 수렴된다.

그러나 나치즘을 지지하는 자에게 선이란 대체 무엇을 뜻하는가? 나치즘의 사상적 지반이 인종주의, 사회진화론, 우생학 등이라는 점을 고려해 보면, 나치즘의 선 개념 및 나치를 지지하는 자의 선 개념은 전통적 윤리학의 선 개념과 다를 수밖에 없다는 결론이 나오게 된다. 공리주의를 포함해, 전통적 윤리학의 신조는 기본적으로 '최대한 많은 사람들이, 그리고 할 수만 있다면 모든 사람이, 잘 되는 방향으로 생각하고 행동하라!'라는 말로 표현될 수 있다. 아마 독자들 가운데서는 이러한 윤리적 명제가 공리주의의 입장만을 반영하는 것이라고 여기는 이가 있을지도 모르겠다. 그러나 소수의 권리를 침해해서는 안 된다는 것을 빌미로 다수의 권리를 침해해도 좋다고 강변할 수는 없는 일이다. 소수의 권리를 침해해서는 안 된다는 주장이 타당하려면, 그렇게 하는 것이 최대한 많은 사람들에게 결과적으로 이롭기 때문이라는 전제가 있어야 한다. 사회의 구성원들을 위함이라는 관점이 아니라 개인의 인격수양을 위함이라는 관점에서 윤리학의 문제를 고찰해도 결과는 달라지지 않는다. 개인의 인격수양이 왜 필요한지 타인에게 설명하려면 개인의 인격수양을 위한 윤리가 자신뿐 아니라 자신의 이야기를 듣는 타자에게도, 더 나아가 그 밖의 모든 사람에게도, 좋다는 것을 암묵적으로 전제할 수밖에 없다. 이는 곧 하나의 윤리적 주장은, 그 윤리적 주장이 관철되는 경우 혜택을 입을 사람들을 한정하지 않는 경우, 모든 사람을 잠재적·현실적 독자 내지 청자聽者로 삼는 것이라는 것으로부터 필연적으로 따라 나오는 결론이다. 다른 모든 형식의 주장과 마찬가지로 윤리적 주장 역시 설득을 위한 것일 수밖에 없는바, 윤리적 주장이 드러내는 당위성이 독자 내지 청자를 위한 것이 아니거나, 심지어 독자 내지 청자에게 적대적인 경우, 설득력이 생길 수 없는 것이다. 따라서 모든 사람을 잠재적·현실적 독자 내지 청자로 삼는 윤리적 주장은 그 주장이 관철되는 것이 최대한 많은 사람들에게 가장 바람직한 결과로 이어질 것이라는 주장을 함축하게 된다.

물론 최대한 많은 사람들이 아니라 소수의 사람들, 심지어 단 한 사람의 개인의 이익만을 도모하는 윤리적 주장도 있을 수 있다. 윤리적 주장이 관철되는 경우 혜택을 입을 사람(들)이 한정되는 경우가 그러하다. 이 경우 수혜자로서의 소수 내지 일인을 제외한 나머지 사람들은 상대적이거나 절대적으로 무가치한 존재자로 간주되는 셈이다. 하나의 윤리적 주장은, 그 윤리적 주장이 관철되는 경우에 혜택을 입을 사람들을 한정하는 경우, 수혜자로만 독자 내지 청자를 한정할 수도 있고, 수혜자를 한정하지 않는 윤리적 주장과 마찬가지로, 모든 사람을 잠재적·현실적 독자 내지 청자로 삼을 수도 있다. 전자의 경우 비수혜자인 모든 사람은 단순히 무시된 것이거나 수혜자에게 유리한 윤리적 입장의 관철을 위해 꾸며질 음모의 희생자로서 상정되어 있다. 후자의 경우 비수혜자인 모든 사람은 자신들이 상대적이거나 절대적으로 무가치한 존재자라는 것을 받아들일 것을, 그렇게 하지 않는 경우 모종의 벌을 받게 될 것이라는 것을, 공언의 형태로 강요받는 셈이다. 간단히 말해, 하나의 윤리적 주장은, 그 윤리적 주장이 관철되는 경우 혜택을 입을 사람들을 한정하는 경우, 비수혜자인 모든 사람을 본래적으로 무가치한 존재자로 전락시키고자 하는 폭력적 기획의 선언과도 같다.

다른 모든 정치적 이데올로기와 마찬가지로, 나치즘 역시 특유의 윤리적 입장을 지닌다. 정치적 이데올로기란 기본적으로 자신의 관철을 위한 투쟁이 왜 올바른 것인지에 대한 당위적 관점에 입각해 있는 것이기 때문이다. 이는 곧 나치즘의 사상적 지반인 인종주의, 사회진화론, 우생학 등이 모두 나치즘 안에서 나치즘 특유의 윤리적 입장 내지 주장을 정당화하는 논거로 작용한다는 것을 뜻한다. 인종주의의 관점에 입각한 것이거나, 사회진화론에 입각한 것이거나, 우생학에 입각한 것이거나, 나치즘 특유의 윤리적 주장은 기본적으로, 그 주장이 관철되는 경우 혜택을 입을 사람들을 한정하는 것이다. 결국 나치즘을 지지하는 자가 내세우는 선이란 나치즘에 의해 나치즘적 가치관이 관철되는 경우 수혜를 받지 못할 모든 사람을 본래적으로 무가치한 존재자로 전락시키고자 하는 폭력적 기획을 정당화하는 경우에만 선으로서 인정받을 수 있는 것이라는 결론이 나온다. 하이데거의 변명을 정당화할 근거로서의 선에 대해서도 마찬가지 이야기를 할 수 있다. 하이데거가 자신을 변호하기 위해 제기할 수 있는 모든 윤리적 주장은 자신이 나치즘에 의해 본래적으로 무가치한 존재자로서 낙인이 찍힌 사람들을 실제로 그러한 존재자로서 존재하도록 내버려 두는 데에 동의했다는 것을 뜻할 뿐이다. 쉽게 말해, 하이데거는 나치즘에 의해 게르만 인종에 속하지 않는 모든 사람이 본래적으로 무가치한 존재자로서 존재하게 되도록 몰아세워지는 것을 찬성한 셈이다.

필자는 앞에서 다음과 같이 주장한 바 있다.

하이데거가 철학자로서 가장 활발하게 활동하던 시기는 악령이란 존재론적 자기기만에 의해 왜곡된 자기 자신 외에 다른 아무것도 아니라는 존재론적 진실을 직시할 근원적이고도 본래적인 책임이 인간 현존재에게 부과되어 있다는 것이 매우 분명하게 드러나 있던 때였다.

악령을 자기기만에 사로잡힌 말도로르(의 망령)가 자기 자신을 대상화함으로써 생성된 것으로 이해함이 타당한 한에서, 우리는 어쩌면 하이데거야말로 최악의 자기기만에 사로잡힌 철학자였다고 결론을 내려야 할지도 모른다. 하이데거는 자신이 반대하는 유대주의, 미국식 자본주의, 소련식 사회주의 등에서 일종의 악령을 보았다. 근현대의 계산적 사유의 표본적 사례들로서, 이 세 가지 이데올로기는 인간 현존재를 본래적으로 무가치한 존재자로서, 생산을 위한 순연한 부품으로서 존재하도록 몰아세우는 폭력성을 그 본질로 삼고 있다. 그러나 실은 나치즘을 지지하는 시기의 하이데거 역시 인간 현존재를 본래적으로 무가치한 존재자로서 존재하도록 몰아세우는 폭력성이 자기 정신의 본질임을 드러낸 셈이다. 다만 말도로르(의 망령)가 자기의 종족을 완전히 절멸하고자 하는 투쟁의 주체로서 상정한 한 개인으로서의 자기를 하이데거는 하나의 민족 내지 국가로 대체했을 뿐이다. 그리고 아마 바로 여기에도 하이데거의 정신이 비겁한 자기기만에 빠지게 된 원인이 감추어져 있을 것이다. 자신이 아니라 공동체를 행위의 주체로 상정하는 자는 행위의 결과에 대한 책임을 공동체에게로 미루는 법이기 때문이다.

169

하이데거의 자기기만, 그리고 자신의 정치적 선택에 대한 비겁한 변명은 아마 그의 존재론에 일상세계의 규범성에 대한 성찰이 거의 부재하다시피 하다는 점에서 이미 맹아적으로 드러나 있는 것이라고 볼 수 있을 것이다. 그의 존재론은 인간 현존재의 존재에는 말도로르(의 망령) 내지 악령으로서 존재함이 함축되어 있다는 것이 분명하게 드러나 있을 뿐만 아니라, 인간 현존재의 악령-됨이 은폐된 현존함의 진실로서가 아니라 탈은폐된 현존함의 진실로서 밝혀져 있는 시기에 형성된 것이었다. 이러한 시기는 물론 인간 현존재의 윤리성에 대한 성찰이 무한의 폭력과 악을 지향점으로 삼아 치달을 수 있는 인간 현존재의 본래적 가능성에 대한 인식에 그 근거를 두고 있을 수밖에 없는 시기이기도 하다. 말도로르(의 망령) 내지 악령이 추구하는 바와 같은 자기 종족의 완전한 절멸이 ―하이데거가 비판의 대상으로 삼는 계산적 사유에 의거해서든, 반대로 계산적 사유를 극복하고자 하는 새로운 사유에 의거해서든― 언제나 이미 임박해 있는 인간 현존재의 완전한 자기파멸의 가능성으로서, 말도로르(의 망령)를 본래적 자기의 하나로서 지니는 인간 현존재의 근원적 존재기획의 궁극적 지향점으로서 분명하게 드러나 밝혀져 있던 시기가 하이데거적 존재론의 생성기였다는 뜻이다. 한마디로, 하이데거의 존재론은 하이데거로 하여금 자신이 ―동시대의 다른 무수한 인간들과 마찬가지로― 말도로르(의 망령)임을 직시하지 못하도록 한 일종의 자기기만의 산물이거나, 최악의 경우, 자신 역시 말도로르(의 망령)로서 존재하는 자임을 감추고자 하는 의도적 타자-기만의 산물이다. 아마 하이데거의 정신은 이 두 가지 종류의 기만에 모두 능했을 것이다.

일상세계는, 언제나 이미 규범화된 것으로서, 죽음으로부터의 도피처가 아니라 죽임당할 가능성이, 언제나 이미 임박한 것으로서, 죽음 앞에서의 불안과 두려움을 부단히 일상화하고 평균화하는 세계이다

필자는 하이데거의 존재론이 의도적 타자-기만에 근거한 것이라는 추론에 대해서는 이 글에서 되도록 언급하지 않으려 한다. 한 사람의 철학자가 자신의 사상적 입장에 관해 진지하게 성찰하는 경우, 처음에는 분명히 기만하려는 의도로 제기한 주장조차도 점차 정당화될 수 있는 것으로서 철학자 본인의 정신 속에서 재해석되기 마련이기 때문이다.

필자가 하이데거의 존재론이 의도적 타자-기만에 근거한 것일 수 있다고 여기는 까닭은, 앞에서 서술했듯이, 하이데거의 존재론이 생성되던 시기가 말도로르(의 망령)가 인간 현존재의 본래적 자기의 하나로서 인정되어야 한다는 것이 매우 분명하게 드러난 때였기 때문이다. 말도로르(의 망령)라는 표

171

현이 지나치게 수사적이고 유별나다는 느낌이 들면, 그냥 전통 철학적으로 '악에의 유혹을 온전히 극복할 수 없는 한계 속에서 실존하는 인간의 정신'이라는 식의 표현으로 대체해도 좋다. 분명 하이데거의 시대는 인간의 정신이 악에의 유혹을 온전히 극복할 수 없는 한계 속에서 실존하는 것임이 매우 분명하게 드러난 때였다. 그런데 삶과 존재의 의미를 선과 악의 관점에서 해석하고 이해할 역량을 지니고 있으면서도 동시에 악에의 유혹을 온전히 극복하지 못하는 한계를 지니는 존재자의 존재는 규범과 무관한 것일 수 없다. 그런 점에서 하이데거 및 그와 동시대를 산 사상가들 가운데 인간의 구체적 삶에 관해 부단히 논하면서도 규범의 문제에 관해 성찰하지 않은 이들은 모두 모종의 의도를 가지고 악과 폭력의 문제에 관해 성찰하기를 거부했다고 보는 것이 타당할 것이다.

그럼에도 필자는 하이데거의 존재론이 의도적 타자-기만에 근거한 것이 아닐 가능성을 아주 배제하지는 않는다. 규범이란 윤리적 가치와 연관된 것일 수밖에 없는데, 하이데거의 관점에서 보면 모든 종류의 가치론은 삶과 존재를 도구적인 것으로 환원해 버리는 형이상학적 폭력성의 표현이기 때문이다. 하이데거가 도구적인 것으로 환원될 수 없는 삶과 존재의 의미에 관해 논구할 ─순수하게 철학적인─ 목적 때문에 규범(성)의 문제를 자신의 존재론의 영역 밖으로 추방해 버렸을 가능성을 배제할 수 없다는 것이다.

그렇다면 하이데거의 존재론이 자기기만에 근거한 것이 아닐 가능성도 있을 수 있지 않을까? 유감스럽게도 그런 가능성은 전혀 없다. 규범(성)을 비롯해 삶과 존재를 도구적인 것으로 환원해 버리는 모든 가치론적 개념이 형이상학적 폭력과 무관할 수 없다는 존재론적 진실로부터 가치론적 문제를 존재적 사유의 대상으로 삼지 않으면 형이상학적 폭력의 문제가 해결된다는 결론이 도출될 수는 없기 때문이다.

그것은 자신을 향해 맹렬하게 달려드는 맹수가 보이지 않게끔 등을 돌리기만 하면 맹수의 공격을 피할 수 있을 것이라고 여길 수 없는 것과 같은 이치이다. 악에의 유혹을 온전히 극복할 수 없는 인간 정신의 한계가 이미 분명하게 드러나 있을 뿐 아니라, 인간 정신의 이러한 한계로 인해 무수한 인간들에 대해 무시무시한 폭력이 일상적으로 행사될 수 있다는 것 또한 명백해진 그러한 시대를 사는 철학자가 폭력과 악, 규범의 문제에 관해 진지하게 성찰하기를 거부하는 것은 자신뿐 아니라 자신의 독자에게 폭력과 악, 규범의 문제에 관해 성찰하기를 그치기만 하면 세상으로부터 폭력과 악, 규범 등에 얽힌 복잡한 문제가 모두 사라질 것이라고 암시하는 것과 같다. 그럴 수 없다는 것을 분명하게 자각한 상태에서 그러한 암시를 하는 철학자는 분명 의도적으로 자신의 독자를 기만하는 자이다. 반대로 자각하지 못한 상태에서 그러한 암시를 하는 철학자는 자기기만에 빠져 있는 셈이고, 그런 한에서 비의도적으로 자신의 독자를 함께 기만하게 되는 자이다.

만약 그가 자각할 수 있는 능력을 아예 갖추지 못했다고 상정하는 경우, 그는 다만 무지했을 뿐, 자기도 타자도 기만하지 않았다고 판단하는 셈이다. 그러나 하이데거와 같은 명민한 정신의 소유자에게 자각할 수 있는 능력이 아예 없었다고 전제하는 것은 순전한 난센스일 뿐이다. 그런 점에서, 비록 하이데거의 존재론이 의도적 타자-기만에 근거한 것이 아닐 가능성은 배제할 수 없다고 하더라도, 그것이 자기기만에 근거한 것이 아닐 가능성은 배제할 수 있다.

이러한 문제에 대한 고민은 이쯤 해 두자. 이 글의 가장 중요한 과제는 말도로르와의 관계 속에서 하이데거의 존재론이 지니는 문제를 구체적으로 드러내는 것이기 때문이다. 이러한 과제를 수행해 내기 위해서는 우선 한 가지 사실을 분명하게 해 둘 필요가 있다. 그것은 규범(성)에 대한 하이데거의 무관심이 그의 존재론을 꽤 기형적인 것으로 만들고 말았다는 것이다. 고통과 폭력, 악의 문제에 대한 성찰의 부재가 그 대표적인 예증이다.

잘 알려져 있는 것처럼, 하이데거는 일상성 및 현존재의 일상적 자기를 부정적인 것으로 여기지 않는다. 일상성은 다만 현존재의 근원적 존재방식을 가리키는 말일 뿐이다. 현존재는 누구나 일상적 자기로서 현존하기 마련이라는 뜻이다. 성인군자조차 예외일 수 없다. 성인군자 역시 저 나름의 방식으로 자신의 존재를 위해 마음 쓰는 존재자이고, 세인들과 양의적 함께-있음의 관계 속에 머물고 있다. 설령 자기의 사익을 위해 남을 해치고자 하는 마음이 완전히 사라진 뒤라고 해도, 성인군자 역시 타인에 의해 자신이 해를 당할 가능성을 배제할 수 없으며, 사람들이 서로를 해치는 일이 생기지 않을까, 마음 쓰지 않을 수 없다. 그러나 규범(성)에 대한 무관심으로 인해 하이데거는 일상적 자기의 비본래성에 대한 현존재의 자각이 존재론적으로 무엇을 의미하는지 올바로 해명할 수 없게 되었다.

존재론적으로 현존재가 일상적 자기의 비본래성을 자각할 가능성은 죽음의 선구성 및 불안을 통해 주어진다. 하이데거에 따르면, "**죽음은 가장 고유한, 무연관적인, 뛰어넘을 수 없는 가능성**_Möglichkeit_"이며, 바로 그 때문에 죽음을 향한 존재자인 "**현존재에게는 평균적인 일상성 속에서도 부단히 이 가장 고유한, 무연관적인, 뛰어넘을 수 없는 존재가능**_Seinkönnen_**이 문제로 걸려 있다.**"[20] 거칠게 말해, 죽음의 선구성은 현존재에게 자신의 존재가 일상세계와 근원적으로 무연관적인 것임을 자각하게 한다. 인용문의 '뛰어넘을 수 없는 가능성', '뛰어넘을 수 없는 존재가능' 등은 분명 죽음의 가능성이 일어날 수도 있고 일어나지 않을 수도 있는 그러한 가능성이 아니라 결

---

20   Heidegger(1993), 250 이하 및 254 이하. 원문 강조.

국 일어나고야 말 그러한 가능성이라는 것을 알린다. 도덕과 규범은 결코 죽음의 가능성을 무화할 수 없다. 이러한 진실은 존재론적으로 도덕과 규범이 일상세계에 속한 것임을 알린다. 도덕과 규범의 관점에서 자신의 삶과 존재의 의미를 헤아리는 것은, 설령 현존재가 신이나 영혼 같은 것의 존재를 믿으며 어떤 초월적인 존재의 영역으로 도피한다고 하더라도, 한 존재자로서의 자기가 결국 죽음을 통해 존재자로서 존재하기를 그치게 되리라는 것을 외면하게 할 수 없다. 그러므로 도덕과 규범이란 한 존재자로서의 나의 존재를 유한한 길이의 시간만큼 더 존속하게 하거나 반대로 덜 존속하게 하는 그 원인일 뿐이다. 물론 나와 세인들 사이의 관계가 양의적 함께-있음의 관계인 한에서, 도덕과 규범은 나의 존재가 시간적으로 더 길게 존속하게 하는 방향으로 작용하기 쉽다. 결국 도덕과 규범으로 인해 나는 나를 향한 공동 현존재의 적개심이 잠재된 채 남아 있거나, 설령 노골적으로 드러난다고 해도, 쉽게 나에 대한 적대적 행동으로 이어지지 않으리라고 기대할 수 있게 된 것이다. 그러나 도덕과 규범은 결국 내가 할수도 있고, 기꺼이 하려고 하기도 하는 그러한 행동들을 금지하는 것이고, 따라서 그 자체로서 나의 존재를 부정하고 무화할 권력의 기제 외에 다른 아무것도 아니다. 도덕과 규범으로 인해 나는 늘 자발적으로 특정한 종류의 행동을 향한 나의 충동과 의지를 억누르고 부정해야 한다. 나는 도덕과 규범이 한 자연적 존재자로서의 나의 존재에 대한 위협이자 위압임을 안다. 결국 근원적으로 규범적인 일상세계 안에서 각각의 현존재는 자신의 존재에 대한 잠재적 부정과 무화를 대가로 삼아 자신의 존재에 대한 즉각적인 폭력의 행사를 불특정한 미래로 유예시키며 존재하는 셈이다.

하이데거에 따르면, "죽음을 향한 일상적인 [현존재의] 존재는 [일상세계 안으로] 빠져 가는 것으로서 **죽음 앞에서의 어떤 부단한 도피**이다."[21] 전후 문맥으로 비추어 보건대, 하이데거는 일상세계를 현존재로 하여금 자신의 죽음의 가능성이 지니는 실존론적 가능성을 스스로 외면하고 삶에 집착하도록 하거나, 죽음에 대해 현존재가 마땅히 취해야 하는 태도가 어떠한 것인지 끊임없이 암시하고 가리킴으로써 —예컨대 죽음의 가능성 앞에서 초연한 정신을 잃지 않도록 요구하는 등의 방식을 통해— 자신의 존재를 일상세계 안에서의 존재로 한정하도록 하는 경향이 있는 곳으로 이해한다. 한마디로 말해, **"세인은 죽음 앞에서의 불안에 대한 용기가 솟아나도록 하지 않는다"**[22]는 것이다. 통념적으로 보면, 죽음의 가능성 앞에서 초연할 수 있는 자는 죽음을 두려워하지 않을 만큼 용기 있는 자이다. 그런데 이러한 용기는 일상적 존재자로서 안정되

---

21 Heidegger(1993), 254. 원문 강조.
22 Heidegger(1993), 254. 원문 강조.

게 살아가는 데 필요한 평정심을 잃지 않도록 할 용기, 죽음의 가능성에도 불구하고 스스로 자신의 존재를 일상세계 안의 존재로 한정하도록 함으로써 죽음의 가능성을 일상적 존재자로서의 자신의 존재를 위해 무의미한 것으로 전환하도록 할 용기일 뿐이다. 이러한 용기는 죽음의 선구성 및 실존론적 불안이 현존재에게 일깨우는 본래적 가능성, 즉 자기의 존재가 일상세계와 근원적으로 무연관적인 것임을 자각할 가능성을 무화하도록 하는 방향으로 작용한다.

그러나 일상성 자체가 근원적으로 규범적이라는 관점에서 보면, 문제는 그리 단순하지 않다. 앞에서 살펴본 것처럼, 규범적 의미연관으로 잠식된 일상세계 안에서 현존재는 자신의 존재에 대한 잠재적 부정과 무화를 대가로 삼아 자신의 존재에 대한 즉각적인 폭력의 행사를 불특정한 미래로 유예시키며 존재한다. 이러한 존재론적 진실은 현존재가 바로 일상세계 안에서 자신의 존재가 일상세계와 근원적으로 무연관적인 것임을 부단히 자각하며 살아가는 존재자임을 드러낸다. 나는 왜 나 자신의 존재에 대한 즉각적인 폭력의 행사를 불특정한 미래로 유예시키려 마음 써야 하는가? 나와 남들이 모두 근원적으로 규범적인 일상성의 한계 밖에서 존속하는 존재자임을 언제나 이미 자각하고 있기 때문이다. 규범이란 나와 남들 모두에게 행사될 폭력의 가능성이 은밀하거나 노골적인 방식으로 드러나도록 함으로써만 규범다운 규범일 수 있는 법이다. 규범을 어기는 경우에도 아무 벌도 가해지지 않으면 규범은 결국 그 효력을 잃게 된다는 뜻이다. 그런데 이것은 곧 나와 남들이 모두 근원적으로 규범적인 일상세계에서 한 일상적 존재자로서 살 권리를 잃게 될 가능성으로부터 자유로울 수 없다는 것을 뜻하기도 한다. 나는 나 자신과 너에게서, 그리고 너는 너 자신과 나에게서, 근원적으로 규범적인 일상세계 안에서 규범과 근원적으로 무관한 존재자로서 행동할 가능성을, 그리고 이 가능성이 결코 무화될 수 없는 것임을 인지한다. 규범이란 본래 규범이 금하는 행동을 할 현존재의 가능성의 발견에 정초해 있는 것이고, 그런 점에서 현존재에게 자신의 존재가 규범과 본래 무연관적인 것임을 자각하게 하면서, 동시에 바로 그러한 이유로 자신의 존재가 규범이 다소간 강압적으로 요구하는 바에 상응하는 것이 되게끔 스스로 자신을 몰아세우도록 하는 것이다. 즉, 규범은 현존재의 존재가 근원적으로 규범적인 일상세계와 근원적으로 무연관적인 것임을 드러내면서, 동시에 —이러한 근원적 무연관성에 대한 현존재의 과감한 대면을 부단히 불특정한 미래로 유예함으로써— 스스로 규범이 이상적인 것으로 제시하는 도덕적 인간으로 존재하도록 마음 써야 함을 현존재의 당위적 존재방식으로 확정한다. 그것은 흡사 근원적으로 무규범적인 현존재의 존재와 도래할 미래의 철저하게 규범적인 자기를 매 순간 뒤섞는 것과 같다. 지금 이 순간의 나와 남들

179

은 모두 분명 근원적으로 무규범적이다. 바로 그렇기에 나와 남들 모두에게 특정한 종류의 행동을 금하는 규범이 그러한 행동을 할 가능성을 지닌 존재자로서의 나와 남들 모두의 존재를 부단히, 잠재적으로, 부정하고 무화할 존재론적 폭력으로서 작용하게 되는 것이다. 그러나 존재론적 폭력으로서의 규범에 의해 나와 남들의 존재가 즉각적으로 부정되고 무화되지 않는 것은 나와 남들의 근원적으로 무규범적인 존재자로서의 존재성격이 규범에 온전히 부합하는 존재자로서 존재할 미래의 나를 향한 기획투사 속에서 부단히 외면되고 있기 때문이다.

존재론적으로 일상적 자기는 비본래적 자기이다. 그렇다면, 규범성이 일상성의 한 근원적 성격규정인 한에서, 규범적인 자기, 규범이 자신에게 요구하는 바를 이해하고 의식하면서 스스로 규범의 한계 안에 머물려 하는 자기 역시 비본래적 자기라는 결론이 따라 나오는 셈이다. 결국 현존재는 본래적 자기를 되찾기 위해 규범적 자기를 본래적 자기-아님으로서 부정해야 하는 존재자이다. 규범이 언제나 이미 현존재와 공동 현존재 사이의 양의적 함께-있음의 관계를 전제로 하고 있음을 고려해 보면, 규범적 자기를 본래적 자기-아님으로서 부정함은 두 가지 상반된 함의를 지닐 수밖에 없다. 하나의 함의는 공동 현존재에 대한 자신의 적대성을 억제하거나 무화할 이유를 부정함으로써 규범적 자기를 자기-아님으로서 부정함이다. 또 다른 함의는 공동 현존재에 대한 자신의 적대성을 무화함으로써 규범적 자기를 자기-아님으로서 부정함이다. 양자는 현존재가 자기의 존재에 대한 성격규정으로서 지향할 수 있는 상반된 극단을 표현한다. 즉, 양자는 본래 근원적으로 선악의 피안에 있다. 공동 현존재에 대한 자신의 적대성을 억제하거나 무화할 이유를 온전히 부정하는 존재자와 공동 현존재에 대한 자신이 적대성을 온전히 무화하는 존재자는 모두 상반된 방식으로 규범의 제약을 받지 않는 존재자이고, 그런 한에서 자신의 행위에 대해 스스로 선과 악의 관점에서 해석할 이유를 알지 못하는 존재자이기 때문이다. 그러나 공동 현존재와 양의적 함께-있음의 관계를 맺고 있는 존재자의 관점에서 보면, 그리고 실은 오직 이러한 존재자만이 현존재라는 칭호에 어울리는바, 전자는 절대악에 해당하고, 후자는 절대선에 해당한다고 볼 수 있다. 전자에 이른 존재자가 남과 맺는 관계는, 적어도 이러한 존재자 자신의 관점에서 보면, 순연하게 적대적이고 투쟁적인 관계이다. 이러한 존재자는 자신에게 우호적인 입장을 취하는 자도 여건이 허락하면 언제든 대적하고 해치려 할 것이고, 그 까닭은 그렇게 하지 말아야 할 어떤 근원적인 이유도 알지 못하기 때문이다. 반면 후자에 이른 존재자가 남과 맺는 관계는, 이러한 존재자 자신의 관점에서 보는 경우, 순연하게 우호적이고 헌신적인 관계이다. 이러한 존재자가 남에게 보이는 호의와 헌신에는 아무 제약도 없다. 자신에게 극단적으로 적대적인 태도와 행동을 취하는 남에게도 이러한 존재자는 늘 호의적일 것이고, 헌신적일 것이다.[23]

하이데거는 본래적 현재로서의 순간에 대해 다음과 같이 말한다. "결단해서 현존재는 자신을 바로 빠져 있음으로부터 되찾아오는바, 이는 더욱 본래적으로 열린 상황을 향한 '**순간**_Augenblick_' 속에서 거기 있기 위해서이다."[24] 가장 주목할 만한 표현은 '본래적으로 열린 상황을 향한 순간'이다. 일상적 자기의 비본래성을 자각하고, 본래성을 회복하려 결단해서 자신을 일상세계 안에 빠져 있음으로부터 되찾아오는 현

---

23 절대악 및 절대선을 향한 현존재의 존재의 운동이 지니는 성격에 대한 보다 상세한 논의는 다음 참조. 한상연(2021), 302 이하 및 388 이하. 특히 326~327의 다음 구절에 주목해 주기 바란다. "어쩌면 현존재의 존재의 운동은, 수학과 현대 물리학의 개념을 차용하자면, 칸토르 집합의 추상적 구조 형식 내지 카오스 프랙탈(fractal)의 구조형식 속에서 움직이는 것인지도 모른다. 현존재는 언제나 지금까지 있어 온 그 자신을 자기-아님으로서 부정하는 순간 안의 존재자이다. 그것은 현존재의 존재에게 일종의 존재론적 공동(空洞)이 열리는 순간과도 같다. 그러나 그러한 공동 속에서 일어난 현존재의 자기분열은 단순히 그 자신의 존재의 일부를 소실함을 뜻하는 것이 아니라 새로운 자기분열이 일어날 가능성의 장이 이중화되었음을 뜻할 뿐이다. 그렇다면 현존재의 자기는 끝없이 분열할 수 있는가? 물론 현실적으로는 불가능하다. 현존재의 존재로서의 시간성 자체가 근원적으로 유한하기 때문이다. 그러나 규범적 의미연관에 귀속된 현존재의 존재에게서 일어나는 자기분열이 초세계적인 것으로서 도래할 두 가지 상이한 자기의 망념을 향해 가려는 상반된 방향의 존재기획의 드러남인 한에서 현존재는 그 자신의 존재를 끝없는 자기분열의 이념적 가능성과 함께 자각하는 존재자인 셈이다. 끝없는 자기분열의 이념적 가능성을 자각함으로써 현존재의 존재는 실제적 존재와 가능적 무 사이의 중간자가 된다."

24 Heidegger(1993), 328. 원문 강조.

182

존재가 거기 있기를 원하는 '더욱 본래적으로 열린 상황'이란 대체 어떤 상황을 가리키는 말인가? 기본적으로 그것은 일상세계에서의 상황을 가리키는 말일 수밖에 없다. 결국 현존재가 자기를 위해 마음 쓰며 머무는 곳은 일상세계이기 때문이다. 일상적이고 규범적인 자기를 비본래적인 자기로서 부정하는 순간의 현존재에게 일상세계에서의 상황은 어떻게 규정될 수 있는가? 두 가지 상반된 방식으로 규정될 수 있다. 절대악을 향한 자신의 지향성 가운데 일상세계를 온전히 파괴하고 무화할 가능성이 열린 상황이 그 하나이고, 절대선을 향한 자신의 지향성 가운데 일상세계를 온전히 거룩하고 성스러운 세계로서 온전케 할 가능성이 열린 상황이 또 다른 하나이다. 죽음의 가능성과 달리 이 두 가지 상반된 가능성은, 적어도 현존재가 현존재로 남는 한에서는, 결코 이루어질 수 없다. 따라서 그것은 언제나 이미 일상적 현존재 곁에 임박해 있는 그러한 가능성도 아니다. 양자는 다만 본래성을 회복할 결의의 순간의 현존재가 자신을 그리로 가도록 몰아세울 어떤 궁극의 목적인目的因 같은 것일 뿐이다. 아마 절대다수의 현존재는 결코 거기 도달할 수 없을 것이다. 그럼에도 도래할 미래의 어떤 때에도 도달할 수 없는 바로 그곳을 향해 나아갈 가능성은 결코 무화할 수 없는 가능성으로서 현존재에게 언제나 이미 주어져 있다. 바로 이 가능성이 실은 현존재의 존재규정으로서의 시간성의 근원적 의미이기 때문이다.

4장

선악의 피안을 지향하는
실존의 운동으로서의
현존재의 존재

말도로르는 자신이 증오의 존재로 이해한 신의 보충
물이자 완성자로서 실존한다

말도로르의 꿈은 절대악과 절대선의 착종된 통일을
향한 꿈이다

말도로르는 공동 현존재를 순연하게 증오하는 자이
기도 하고, 순연하게 사랑하는 자이기도 하다

말도로르는 자신이 증오의 존재로 이해한 신의 보충물이자 완성자로서 실존한다

　일상세계의 근원적 규범성을 인정하는 경우, 본래적 현재로서의 순간이란 현존재가 공동 현존재와 양의적 함께-있음의 관계로부터 자신의 존재를 불러내어 일의적 함께-있음의 관계를 향해 나아가도록 결의하는 순간을 뜻할 수밖에 없다. 이러한 결의가 절대악을 향한 지향성 속에서 이루어지는 경우, 현존재는 결의한 바의 실현을 통해 결의한 바를 무화하기를 스스로 지향하는 셈이다. 그 이유는 분명하고 단순하다. 악은, 선과 마찬가지로, 악이 시행될 대상을 필요로 한다. 그런데 절대악의 실현이란 결국 악이 시행될 대상의 무화를 뜻할 수밖에 없다.

　바로 이 지점에서 우리는, 앞에서 해명된 바와 같이, 말도로르(의 망령)가 일상적이고 비본래적인 자기와 본래적인 자기의 완전한 통일을 구현하고자 하는 존재론적 기획의 표현이라는 점을 다시 확인할 수 있다. 꿈속에서 돼지가 된 말도로르는 자신에게 신성神性의 가장 작은 파편도 남아 있지 않다는 것을 발견하고 기꺼워한다. 왜 그러한가? 신성이란 그의 일상적 현존을 공동 현존재와의 함께-있음의 관점에서 해석하도록 몰아세우는 일종의 권력 기제이기 때문이다. 바로 그 때문에 말도로르의 돼지는 자기 종족의 절멸을 위해 자기의 종족과 부단히 투쟁한다. 즉 말도로르는 절대악을 향한 지향성 속에서 자신과 공동 현존재 사이의 관계를 양의적인 것으로부터 일의적인 것으로 전환하고자 기획하는 현존재이다. 물론 자기 종족의 절멸을 위한 투쟁이 벌어질 곳은 바로 일상 세계이다. 이처럼 말도로르는 공동 현존재와 일의적 함께-있음의 관계를 맺는다는 점에서 본래적이면서도 동시에 일상적이기도 한 특별한 현존재인 셈이다.

만약 말도로르의 돼지의 투쟁이 단순한 가학적 쾌락과 기쁨의 획득만을 추구하는 것이었다면, 그는 굳이 자기 종족의 절멸을 위해 부단히 투쟁할 필요가 없었을 것이다. 그의 투쟁 대상은 말도로르의 돼지 및 그 종족을 잡아먹는 사나운 야수일 수도 있고, 반대로 힘없는 다른 짐승들일 수도 있다. 사나운 야수와 투쟁하는 경우, 그리고 그 투쟁에서 승리하는 경우, 말도로르의 돼지가 얻게 될 가학적 쾌락과 기쁨은 배가 될 것이다. 위험과 곤경을 무릅쓰고 쟁취한 것이 어렵지 않게 쟁취한 것보다 훨씬 더 많은 쾌락과 기쁨을 안겨 주기 마련이기 때문이다. 하지만 힘없는, 어렵지 않게 제압하고 괴롭힐 수 있는, 짐승들과 투쟁하는 것도 나쁘지는 않다. 이 경우에는 적어도 사나운 야수와 투쟁하는 경우에 무릅써야 할 위험과 곤경이 없을 것이기 때문이다. 말도로르의 돼지는, 힘없고 손쉽게 잡을 수 있는 짐승들이 주위에 드물지 않다는 것을 전제로, 매우 빈번하게 가학적 쾌락과 기쁨을 얻을 수 있다. 한 번의 학대와 살해를 통해 얻을 수 있는 쾌락과 기쁨은 덜 강렬할지 몰라도 무릅써야 할 위험과 곤경이 없는 상태에서 반복적으로, 자주, 가학적 쾌락과 기쁨을 얻을 수 있다는 점에서 말도로르의 돼지를 위해 매우 긍정적이다.

　말도로르가 절멸을 위한 투쟁의 대상으로 삼은 자기의 종족은 사나운 야수와 힘없는 짐승의 산술적 중간을 의미하지 않는다. 그것은 언제나 이미 규범화된 일상세계에서 이런저런 규범의 지배를 받으며 사는 데 익숙한 일상적 자기의 비본래성을 자각한 말도로르가 일상세계의 규범성으로부터 자유로운 본래적 자기를 되찾기 위해 투쟁의 대상으로 삼아야만 하는 존재자를 가리키는바, 실은 바로 이러한 이유로 말도로르에게는 자기의 종족이 아닌 다른 어떤 생명체도 본래적 투쟁의 대상일 수 없다. 달리 말해, 말도로르가 말하는 자기의 종족이란 존재론적으로 공동 현존재를 가리키는 일종의 상징일 뿐이다. 인간 현존재로 하여금 일상세계에서 일상적이고 비본래적인 자기로서 실존하도록 하는 것은 바로 공동 현존재이며, 신성이란, 적어도 말도로르가 자신의 돼지로의 변신 이전에 자신에게 속해 있었던 것으로서 발견하는 것인 한에서는, 공동 현존재를 공동 현존재로서 인정하도록 하고, 또한 이를 통해 자신으로 하여금 공동 현존재와의 일상세계-안에서-함께-있음을 가능하도록 하는 규범적 의미연관의 한계 안에 머물도록 몰아세우는 —그리고 이러한 점에서 보면 신성이라는 명칭이 암시하는 바와 달리 지극히 일상적일 뿐인— 권력의 기제를 가리키는 것이다. 이러한 점에서 보면, 매우 역설적이게도, 말도로르의 돼지가 자기 종족의 절멸을 위해 벌이는 투쟁 속에서 느끼는 쾌락과 기쁨은 말도로르가 자신의 공동 현존재를 배려하는 특유의 방식으로부터 비롯되는 것이라고 간주할 수 있다.

하이데거의 존재론이 명확하게 해결하지 못한 근본 문제 가운데 하나는 일상적 자기의 비본래성을 자각한 현존재와 공동 현존재 사이의 관계에 관한 것이다. 현존재가 공동 현존재와 함께-있는 곳은 결국 일상세계일 수밖에 없다. 그런데 하이데거에 따르면, 일상세계는 도구적 의미연관이 지배하는 곳으로서 친숙하고, 일상세계의 친숙함은 일상세계가 죽음으로부터의 도피처로서 존재하도록 하는 그 존재론적 원인이다. 일상세계를 친숙한 곳으로서만 규정하고, 동시에 바로 그 친숙함을 비본래적이고 도구적인 존재이해의 근거로서 파악하는 한에서, 현존재와 공동 현존재 사이의 관계는 언제나 이미 일상적이고 비본래적인 관계일 수밖에 없다는 결론을 피하기 어렵다. 하이데거의 존재론이 지니는 이러한 문제는 기본적으로 일상세계의 근원적 요소로서의 규범성에 대한 성찰의 부재에 기인하는 것이다. 일상세계가 죽음으로부터의 도피처에 지나지 않는 한에서, 현존재는, 설령 죽음의 선구성과 실존의 근본 기조로서의 불안으로 인해 일상적 자기의 비본래성을 자각하게 되었다고 하더라도, 자신과 공동 현존재를 모두 일상성의 한계 안에서 머물 수밖에 없는 그러한 존재자로서 발견하게 된다. 달리 말해, 도구적 친숙함에 의해서 규정된 일상세계 안에서의 현존재는, 일상적 자기의 비본래성을 자각하고 있는 경우, 본래적 자기를 되찾을 결의의 근원적 실현-불가능성을 자신과 공동 현존재 모두에게서 함께 발견할 수밖에 없는 존재자이다. 말도로르의 돼지는 이러한 문제에 봉착하지 않는다. 말도로르의 돼지가 자기 종족의 절멸을 위해 투쟁할 결의를 품는 것 자체가 그 증거이다.

말도로르의 돼지에게 자기의 종족이란 무엇을 가리키는 말인가? 자신과 똑같이 자기 종족의 절멸을 위해 투쟁할 결의를 품은 존재자이다. 말도로르의 돼지로 하여금 자신뿐 아니라 자신의 공동 현존재 역시 자기 종족의 절멸을 위해 투쟁할 결의를 품은 존재자로서 발견하도록 한 존재론적 근거는 무엇인가? 바로 일상성의 근원적 요소로서의 규범이다. 규범이란 본래 강제하고 몰아세우는 힘으로 작용하는 것인바, 규범의 힘에 의해 강제되고 몰아세워지는 존재자 자체가 규범의 한계 밖으로 나아갈 가능성을 지닌 존재자임을, 그리고 이러한 점에서 일상성의 근원적 요소의 하나인 규범성의 한계 안에 머무는 일상적이고 비본래적인 자기로부터 규범의 한계 밖으로 나아가 본래적 자기를 되찾을 가능성을 일상세계 한가운데서, 공동 현존재와 함께-있는 바로 그 순간 속에서, 발견하게 되는 그러한 존재자임을 알리는 것이다. 그러므로 말도로르의 돼지가 추구하는 쾌락과 기쁨은 한 개체로서의 말도로르의 돼지만이 일방적으로 추구하는 것일 수 없다. 실은 말도로르의 돼지가 자기의 종족으로서 인정하는 모든 공동 현존재가 말도로르와 똑같은 쾌락과 기쁨을 추구한다.

실제적인 투쟁의 결과로서 얻어지는 것으로 해석하는 경우, 말도로르의 돼지가 추구하는 쾌락과 기쁨은 타자를 제압하고 살해함을 통해서 얻어지는 것이라고 볼 수 있다. 그러나, 말도로르가 자신의 독자를 향해 독자가 자신에게 환기시키기를 원하는 것은 아마도 증오일 것이라고, 그리고 자신에 의해 수행될 증오의 환기가 독자로 하여금 이루 다 표현할 수 없는 황홀과 만족을 맛보게 할 것이라고 말했음을 상기해 보라! 말도로르에게 독자란 누구인가? 말도로르의 돼지의 공동 현존재로서 말도로르의 돼지와 똑같이, 말도로르에 의해 환기된 증오를 가학적 쾌락과 기쁨을 마음껏 획득하게 할 그 가능 근거로서 받아들이며, 자기 종족의 절멸을 위해 투쟁할 결의를 품게 될 존재자이다. 물론 말도로르의 돼지의 공동 현존재가 절멸하고자 하는 자기의 종족에는 말도로르 자신 역시 포함되어 있을 수밖에 없다. 이러한 점에서 말도로르(의 돼지)는 한 개체로서의 자기의 승리만을 희구하는 자가 아니다. 실로 말도로르(의 돼지)는 악의 성자라고 불릴 만하다. 그는 자기 종족의 절멸을 위한 투쟁에 자기의 종족 전부를 초대함으로써 자기의 종족 전부가 일상세계 안에서 규범적 의미연관의 지배를 받으며 실존하는 일상적 자기의 비본래성을 자각하고 본래적 자기를 되찾을 결의를 품도록 하는 것을 잠재적·현실적 자기희생을 무릅쓰고 기획하는 존재자인 것이다.

말도로르가 공동 현존재와의 관계 속에서 이러한 결의와 기획을 지니게 되었다는 것은 말도로르가 부른 두 번째 노래의 제19장에 잘 나타나 있다. 말도로르는 다음과 같이 고백한다.

"나의 어린 시절, 내가 빨간 채찍에 맞아 잠을 깨곤 했을 때, 인간들이여, 그때 내가 한 생각을 들어 보라. '나는 지금 막 잠이 깨었구나. 그러나 내 생각은 아직도 마비되어 있다. 아침마다 나는 내 머릿속이 무거운 것을 느낀다. 내가 밤에 휴식을 취하는 것은 드문 일이다. 왜냐하면, 내가 잠들게 되면, 무서운 몽상들이 나를 괴롭히기 때문이다. 낮에는, 나의 두 눈이 공간을 이리저리 방황하는 동안, 나의 생각은 이상한 명상으로 피로해지고, 밤에는 잠을 잘 수 없다. 그러면 나는 언제 자야 하나? 하지만, 본능은 자신의 권리를 주장할 필요가 있는데, 내가 본능을 무시하기 때문에, 본능은 내 얼굴을 창백하게 만들고, 강한 열기를 내뿜는 불꽃으로 내 눈을 빛나게 한다. 그러나, 나는, 계속적으로 생각하느라고 내 정신을 고갈시키지 않는 것 그 이상의 것을 바라지는 않을 것이다. 그런데, 내가 그것을 원하지 않는데도, 깜짝 놀란 나의 감정은 이 기슭을 향해 물리칠 수 없는 기세로 나를 끌고 간다. 나는 다른 아이들도 나 같다는 것을 알아차렸다. 그러나, 그들은 나보다 더욱 창백하고, 그들의 눈썹은 남자들인, 우리 형들의 눈썹처럼 찌푸려져 있다. 오 우주의 창조주여, 나는, 오늘 아침, 그대에게 어린아이다운 내 기도문을 쓰는 것을 빼먹지 않을 것이다. 가끔 나는 그것을 잊는다. 그런데, 요즘 나는 내가 보통 때보다 더 행복하게 느낀다는 것을 알았다. 내 가슴은, 모든 구속으로부터 자유로워져, 활짝 밝아지고, 나는, 더욱 편하게, 들판의 향기로운 대기를 숨 쉰다. 반면, 부모님은 그대에게 매일 찬송가를 들려주라고 명령했는데, 이 고통스런 의무에는 힘드는 작업인 창조가 내게 주는 뗄 수 없는 고통이 동반되었다. … 그렇다, 이 세상과 함께 이 세상이 지니고 있는 모든 것을 창조한 것은 그대다. 그대는 완전무결하다. 그 어떤 덕도 그대에게 없는 것이 없다. 그대는 아주 전능

하고, 모두 그것을 알고 있다. 온 우주가, 시간마다, 그
대에 대한 영원한 성가를 노래하게 하라! 새들은, 전
원에서 날아오르며, 그대를 찬양한다. 별들은 그대의
것이다… 아멘!' 이러한 기도문 다음에, 있는 그대로
의 나를 발견하고, 그대들이 놀라기를!"[25]

    인용문에서 우선 주목할 점은 말도로르의 대화 상대가
인간들인 독자와 절대자로서의 신 두 가지로 양분되어 있다
는 것이다. 말도로르가 인간들인 독자에게 들려주는 이야기
는 말도로르가 어린 시절 품었던 생각에 관한 이야기이고,
그 생각 속에는 신을 향한 말 걺이 포함되어 있다. 말도로르
로 하여금 자신의 생각 속에서 신을 향해 말을 걸도록 한 때
는 언제인가? 말도로르의 어린 시절, 그가 빨간 채찍에 맞아
잠을 깨곤 했을 때이다. 그는 왜 곧잘 빨간 채찍에 맞아야 했
는가? '부모님이 그대에게 매일 찬송가를 들려주라고 명령했
다'라는 말도로르의 고백에 비추어 보건대, 그 근원적인 이유
는 일종의 신성, 혹은, 엄밀히 말해, 부모를 포함하는 말도로
르의 공동 현존재에게 신성 및 신성으로부터 비롯된 것으로
통용되는 것 일반이라고 보아야 할 것이다.
    『말도로르의 노래』에서 가장 이해하기 어려운 점 가운데

---

25   로트레아몽(2020), 112 이하.

하나는 말도로르를 위해 신(성)이 지니는 의미가 무엇인가 하는 것이다. 말도로르가 증오의 환기를 바라는 악의 성자라는 관점에서 보면, 신이란 말도로르의 적대자 이상도 이하도 아니라고 생각하게 되기 쉽다. 그러나 문제는 그리 단순하지 않다. 앞으로 살펴보게 되겠지만, 말도로르가 신(성)에 대해 맹렬한 적개심과 분노를 보일 때도 분명 있다. 그러나 반대로 말도로르가 신(성)을 자신과 한편인 것처럼 묘사할 때도 있다.

이러한 문제를 해결하는 가장 손쉬운 방법은 말도로르가 신(성)이라 부르며 증오하는 것은 신(성)으로 통용되기는 하지만 실은 지극히 인간적이고 일상적인 것으로서 말도로르에게 고통을 안겨 주는 것이고, 반대로 신(성)이라 부르며 환영하는 것은 말도로르의 고통의 원인인 지극히 인간적이고 일상적인 것으로서의 신(성)의 한계를 넘어서도록 하는 어떤 비일상적인 것이라는 식으로 해석하는 것이다. 그러나 말도로르적 사유의 언어는, 대다수의 사람들에게는 매우 착종되고 혼란스러운 것으로 보일 수밖에 없는 그러한 것으로서, 신(성)에 대한 이분법적 구분을 허용하지 않는다. 기이하게도, 말도로르에게는 자신의 고통의 원인인 지극히 인간적이고 일상적인 것으로서의 신(성)과 그 한계를 넘어서도록 하는 어떤 비일상적인 것으로서의 신(성)이 실은 동일한 존재가 자신을 드러내는 두 가지 상반된 방식을 가리킬 뿐이다. 어린이에게 채찍질을 가하는 자가 자신의 행위의 정당한 근거로서 내세우는 신

(성)이란 대체 무엇을 가리키는가? 신(성)이란, 언제나 이미 규범화된 일상세계에서 통용되는 의미로는, 정의와 선의 담지자로서 인간에게 끝없이 은총을 내려 주는 어떤 절대적이고 근원적인 존재이다. 그러나 어린이를 포함해 자기 자신과 어긋나는 모든 존재자를 채찍질당해 마땅한 증오의 대상으로서 파악되도록 하는 그 근거로 작용하는 한에서, 그것은 동시에 일상세계에서 지극히 일상적인 방식으로 작용하는 무한한 증오와 파괴의 힘 그 이상도 이하도 아니다. 바로 그 때문에, 증오의 환기를 추구하는 말도로르로서는, 설령 그것이 자기가 부단히 겪어 온 참혹한 고통의 원인이라고 할지라도, 지극히 인간적이고 일상적인 것으로서의 신(성)을 자신에게 순연하게 부정적이거나 적대적인 것으로서 파악할 수 없는 것이다.

왜 일상세계에서 신(성)으로 통용되는 것은 일상세계에서 지극히 일상적인 방식으로 작용하는 무한한 증오와 파괴의 힘일 수밖에 없는가? 신(성)이란, 적어도 언제나 이미 규범화된 일상세계에서 정의와 선의 담지자이자 심판과 처벌의 절대적인 근거로서 작용하는 한에서는, 신(성)에 상응하는 방식으로 존재하는 현존재와 그렇지 못한 존재자를 구분한 뒤, 전자에게는 상을 주고 후자에게는 벌을 주도록 하는 권력의 기제 외에 다른 아무것도 뜻하지 않기 때문이다. 주의할 점은, 엄밀한 의미에서, 신(성)에 상응하는 방식으로 존재하는 현존재는 본래 존재할 수 없다는 것이다. 지금 신(성)에 상응하는 방식으로 존재하는 현존재로서 인정되어 받는 상은 실은 일종의 경고이다. 그것은 하나의 현존재가 규범이 금지하는 바를 행할 자신의 가능성을 스스로 부정하고 무화함을 전제로 주어지는 것이고, 그 때문에 —통념적 표현방식을 차용하자면— 자신의 자연적 본성을 규범적 당위성의 입장에서 스스로 부단히 통제하고 학대하도록 하는 명령의 의미를 함축하고 있는 것이다.

말도로르는, 인간인 독자에게 들려주는 어린 시절의 생각에 관한 이야기 속에서, 신에게 다음과 같이 선언한다.

"하지만, 내가 그대에게 애원하건대, 그대의 섭리가 나를 생각하지 않도록 하라. 땅 아래를 기어다니는 벌레처럼, 나를 내버려 두라. … 그리고, 그대가, 나의 양심에, 냉소 짓는 메스를 가하고 있다는 것 또한 알아두라. … 나는 많은 햇수를 살지는 않았다. 그렇지만, 선함이란 것이 단지 유성 음절들의 집합에 불과하다는 것을 벌써 느끼고 있다. 나는 어디에서도 그것을 발견하지 못했다."[26]

말도로르의 선언은 일상세계에서 정의와 선의 담지자이

---

26   로트레아몽(2020), 116.

자 그 절대적 근거로서 작용하는 신(성)이란 거짓에 불과하다는 것과 같다. 그러나 이는 단지 표면적으로만 그러할 뿐이다. 이전의 인용문에서 어린 시절의 말도로르는 자신이 잠들게 되면 무서운 몽상들이 자기를 괴롭힌다는 것, 자신이 본능을 무시하기 때문에 본능이 자신의 얼굴을 창백하게 만들 뿐 아니라 강한 열기를 내뿜는 불꽃으로 자신의 눈이 빛나게 한다는 것, 그리고 다른 아이들도 자신과 같다는 것 등에 관해 이야기했다. 어린 시절의 말도로르를 괴롭힌 무서운 몽상들이란 대체 어떠한 종류의 것일까? 그것은 피학적인 것일 수도 있고, 반대로 가학적인 것일 수도 있다. 혹은 말도로르 자신이 아닌 그 무엇인가가 참혹한 고통에 시달리는 것일 수도 있고, 반대로 참혹한 고통을 예비하는 꼼꼼한 고문자의 희열과 같은 것일 수도 있다. 아무튼 한 가지 분명한 것은 말도로르의 무서운 몽상들이 말도로르에게 고통을 안겨 주던 빨간 채찍과 무관할 수 없다는 것, 일상세계에서 선의 근거로 작용함으로써 현존재로 하여금 그 누군가를 향한 심판과 처벌을 마땅하고 올바른 것으로서 받아들이도록 하는 신(성)의 작용에 기인하는 것이라는 점이다. 말도로르의 얼굴을 창백하게 하고, 말도로르의 눈이 강한 열기를 내뿜는 불꽃으로 빛나게 하는 그 본능이란 곧 말도로르를 괴롭힌 무서운 몽상들이 —피학적인 것이든, 반대로 가학적인 것이든 상관없이— 기어이 증오의 환기로 이어지도록 하는 어떤 본래적이고 자연적인 삶의 역능을 가리킨다. 바로 이 지점에서 말도로르가 증오의 대상으로 삼는 선이, 선의 담지자이자 그 절대적 근거인 신(성)이, 실은 말도로르가 추구하는 증오의 환기의 가능 근거이기도 하다는 점이 분명하게 드러난다. 말도로르에게 신(성)이란 적이기도 하고 또 동지이기도 한 것이다.

어린 시절의 말도로르는 자신이 그대라고 부르는 신의 인정을 받기를 원하지만, 동시에 사람들이 완전한 정의와 선, 사랑의 구현체로서 숭배하는 신이야말로 실은 증오의 존재라는 것을 이미 자각하고 있다.

"나는 그대를 사랑하고 싶고 숭배하고 싶다. 그러나 그대는 너무 강해서, 나의 찬송가에는 두려움이 섞인다. 만약, 단지 그대 생각의 표시만으로도, 그대가 사람들을 파괴시키고 창조할 수 있다면, 나의 약한 기도는 그대에게 소용이 없을 것이다. 만약, 그대가 마음 내키는 대로, 콜레라를 보내어 도시들을 침범하게 하거나, 또는 죽음이, 아무 구별 없이, 네 살배기들을 자신의 온실로 데려간다면, 나는 이렇게 끔찍한 친구와 관계를 맺고 싶지 않다. 증오가 나의 이성의 실을 인도해서가 아니다. 반대로, 제멋대로의 법칙에 의해, 그대의 마음에서 나와서, 안데스산맥의 콘도르가 두 날개를 벌린 크기만큼, 거대해질 수 있는 그대 특유의 증오를, 두려워하기 때문이다."[27]

아마 민감한 독자라면 이 절의 서두에 제기되었던 하나의 명제에 대한 설명이, 이미 제법 많은 이야기들이 뒤따랐음에도 불구하고, 아직 제시되지 않았다고 생각하며 의아해하고 있을지도 모르겠다. 그 명제는 본래적 현재로서의 순간이란 현존재가 공동 현존재와 양의적 함께-있음의 관계로부터 자신의 존재를 불러내어 일의적 함께-있음의 관계를 향해 나아가도록 결의하는 순간을 뜻할 수밖에 없는바, 이러한 결의가 절대악을 향한 지향성 속에서 이루어지는 경우, 현존재는 결의한 바의 실현을 통해 결의한 바를 무화하기를 스스로 지향하는 셈이라는 것이다. 왜 절대악을 향한 지향성 속에서 공동 현존재와 자신의 함께-있음의 관계를 양의적인 것으로부터 일의적인 것으로 전환하고자 하는 결의는 이처럼 자가당착적일 수밖에 없는가? 절대악의 실현이란 악이 시행될 대상의 무화를 뜻하기 때문이다.

증오의 환기, 자기 종족의 절멸을 위한 투쟁 등 말도로르스스로 자신이 원하는 것이라고 공언하는 것은 모두 그가 절대악을 향한 지향성 속에서 공동 현존재와 자신의 함께-있음의 관계를 양의적인 것으로부터 일의적인 것으로 전환하고자

27   로트레아몽(2020), 114.

하는 결의를 품고 있다는 것을 알린다. 그렇다면 결국 말도로르의 결의란 자가당착적인 것에 불과하다는 결론이 따라 나오는 셈이다. 그런데, 우리는 신이란, 적어도 말도로르적 의미에서는, 근원적으로 자가당착적인 존재를 가리키는 말이라는 것을 알게 된다. 위의 인용문은 말도로르가 신을 증오의 존재로, 자신의 마음으로부터 안데스산맥의 콘도르가 두 날개를 벌린 크기만큼 거대한 증오가 나오도록 하는 그러한 존재로, 여긴다는 것을 보여 준다. 신이란 본래 제멋대로 생각하고 행하는 존재, 어떤 임의의 법칙에 의해, 사람들을 파괴할 수도, 창조할 수도, 콜레라가 도시에서 창궐하게 할 수도, 네 살배기 어린이들을 함부로 죽게 할 수도 있는 그러한 존재라는 것이다. 증오의 존재로서, 신은 자신이 증오하고 제멋대로 파괴할 존재자들을, 특히 인간들을, 필요로 한다. 따라서 신의 '제멋대로'는 실은 신이 궁극적인 증오의 존재로서 본래적이고 근원적으로 자가당착적이라는 것을 알릴 뿐이다. 마치 차라투스트라의 신이 신답게 존재하기 위해 인간을 필요로 하듯이, 말도로르의 신 역시 궁극적인 증오의 존재인 그 자신으로 남기 위해 인간을 필요로 한다. 한마디로, 말도로르의 신은 제멋대로 인간의 종족을 언제든 절멸시킬 수 있지만, 신다운 존재로 남기 위해, 자기 자신으로 남기 위해, 자신에게 인간의 절멸을 허용할 수 없는 자가당착적이고 역설적인 존재이다.

바로 이 지점에서 절대악을 지향하는 말도로르의 존재가 지니는 존재론적 의미의 하나가 밝히 드러난다. 말도로르는, 적어도 자기 자신에 대한 말도로르의 이해 속에서는, 증오의 신의 보충물이자 완성자, 사람들이 흔히 절대자이자 완전자라고 여기는 신의 한계를 발견하고 기어이 그 한계를 넘음으로써 신을 신답게 하는 자이다. 신은, 증오의 존재임에도 불구하고, 자신이 언제든 제멋대로 행할 수 있는 인간의 절멸을 자신에게 허용할 수 없다. 신의 역능에는 본래 한계가 없음에도 불구하고 증오의 존재로서의 의지에는 한계와 결함이 있는 것이다. 말도로르는 그 반대이다. 비록 꿈속에서 돼지가 되어 자기 종족의 완전한 절멸을 위한 투쟁 속에서 궁극의 승리를 쟁취할 수 있는 것처럼 자신의 힘을 과장하고 스스로 과장한 그 힘에 도취했지만, 꿈은 꿈일 뿐이고, 꿈에서 깨어난 말도로르를 기다리고 있는 것은 자기의 실제 종족인 인간과의 부단한 투쟁이었다. 그러나 바로 그렇기에, 즉 자신이 원하는 바로서의 인간의 절멸을 제멋대로 이룰 역량의 부재로 인해, 증오의 존재로서의 말도로르의 의지에는 한계와 결함이 없다. 그러므로 절대악을 향한 지향성 속에서 공동 현존재와 자신의 함께-있음의 관계를 양의적인 것으로부터 일의적인 것으로 전환하고자 하는 말도로르의 결의는 다만 논리적으로만 자가당착적일 뿐이다. 실은 말도로르의 결의의 자가당착성이야말로 궁극적인 증오의 존재인 신의 결의의 자가당착성을 해소할 유일무이한 가능 근거이다. 물론 이 가능 근거의 가능성은 실제로 온전히 현실화될 수 있는 성격의 것일 수 없다. 신의 결의의 자가당착성을 해소하기 위해서는 인간의 절멸을 제멋대로 이룰 역량이 말도로르에게 부재해야만 하기 때문이다. 그런 점에서 궁극적인 증오의 존재인 신의 결의의 자가당착성의 해소는 도래할 시점이 없는 불특정의 미래를 향한 부단한 유예의 순간들 속에서 이루어지는 것인 셈이다.

말도로르의 꿈은 절대악과 절대선의 착종된 통일을 향한 꿈이다

절대악을 향한 지향성 속에서 자신과 공동 현존재 사이의 관계를 본래적이고 일의적인 함께-있음의 관계로 전환하고자 하는 말도로르의 기획은 일상적 의미의 정의와 선이 증오에 기인하는 것임을 폭로함으로써 착종된 의미의 절대선을 이루고자 하는 기획이기도 하다. 우선 '착종'이라는 표현에 주목해 주길 바란다. 착종이란 '어긋남'을 뜻하는 한자어 '착錯'과 '모음', '짜서 만듦', '통합함' 등을 뜻하는 한자어 '종綜'으로 이루어진 말로서, 그 사전적 의미는 '이것저것을 섞어 모음', '이것저것이 뒤섞여 엉클어짐' 등이다. 절대악을 지향하는 말도로르가 도리어 착종된 의미의 절대선을 이루고자 한다는 말은 말도로르가 통념적 의미의 선보다 순수하고 고차원적인 선을 추구한다는 식으로 오인되어서는 안 된다.

앞에서 확인했듯이, 말도로르에게 신(성)이란 증오의 존재이고, 그런 점에서 일상적 의미의 선에 대한 말도로르의 입장은 단일하지 않다. 한편으로, 증오의 환기를 추구하는 존재자로서 말도로르는 증오와 정반대의 이념인 선을 거부한다. 그런데, 말도로르의 관점에서 보면, 선이란 실은 존재하지 않는 것이며, 일상세계에서 선으로 통용되는 것의 바탕에는 증오가 깔려 있다. 여기서 한 가지 난점이, 혹은, 절대악을 지향하는 말도로르의 존재기획의 자가당착이, 발견된다. 절대악을 지향하는 존재자로서 말도로르가 추구하는 것은 결국 증오의 환기 아닌가? 만약 선이 실은 존재하지 않는 것이고, 증오에 기인하는 것으로서 폭력과 학대와 같은 악의 산출에 기여하는 것이라면, 절대악을 지향하는 말도로르가, 증오의 환기를 추구하는 말도로르가, 선을 마다할 이유는 대체 무엇일까? 도리어 말도로르는, 세상의 무수한 위선자들처럼, 겉으로 선을 내세우며 실제로는 악을 추구하는 방식으로 살아야 하지 않을까? 선이 허명에 불과한 것으로서 실제로는 악의 산출에 기여할 뿐이라면, 악을 추구하는 자가 선이 허명에 불과하다는 것을 까발릴 이유가, 자신을 허명에 불과한 선에 맞서 싸우는 자로 인식할 이유가, 대체 어디 있을까? 이러한 문제들을 풀기 위해서는 우선 절대악을 향한 지향성 속에서 자신과 공동 현존재 사이의 관계를 본래적이고 일의적인 함께-있음의 관계로 전환하고자 하는 말도로르의 기획이 존재론적으로 어떤 의미를 지니는지 살펴보아야 한다.

악이 절대적인 경우, 즉 공동 현존재 모두에 대해 현존재가 순연하게 적대적인 행위를 가능한 한 최고로 잔혹한 방식으로 행하려 하는 경우, 현존재는 두 가지 가능성 가운데 하나를 선택해야 한다. 하나는 공동 현존재 모두를 ―가능한 한 최고로 잔혹한 방식으로― 죽이는 것이다. 또 다른 하나는 공동 현존재 모두에게 최고의 고통을 가능한 한 길게, 할 수만 있다면 영원히, 가하는 것이다. 이러한 가능성은 공동 현존재 모두에게 영원한 지옥을 선사하고, 스스로 지옥의 관리자이자 고문자가 되려는 현존재의 결의를 통해 열린다.

전자를 전제하는 경우, 왜 일의적 함께-있음의 관계를 향해 나아가려는 현존재의 결의가 결의한 바의 실현을 통해 결의한 바를 무화하기를 스스로 지향하는 결과로 이어지는지 쉽게 이해할 수 있다. 악은 악이 시행될 대상을 필요로 하는 것인데, 공동 현존재 모두의 절멸을 향한 결의의 온전한 실현은 결국 악이 시행될 대상의 온전한 소멸을 향한 결의인 셈이다. 즉, 이 경우 절대악이란 그것이 뜻하는 바의 실현을 통해 악이 시행될 가능성 자체의 소멸을 야기하는 자가당착적인 이념이 된다. 그렇다면 후자의 경우는 어떨까? 스스로 지옥의 관리자이자 고문자가 된 현존재는 자신이 결의한 바를 온전히 실현한 것이 아닐까? 이러한 현존재는 공동 현존재 모두를 악이 시행될 그 영원한 대상으로서 확보하고 있는 것이 아닐까? 그러나 이 경우 현존재는 자신이 결의한 바의 실현을 통해 현존재로서 존재하기를 그치게 되고, 따라서 그 누구와도 함께-있을 수 없다. 절대악을 향한 지향성 가운데 자신과 공동 현존재의 관계를 일의적 함께-있음의 관계로 변화시키고자 하는 현존재가 공동 현존재 모두를 절멸하는 경우 결의한 바의 실현을 통해 결의한 바가 무화되는 결과가 초래된다는 것은 기본적으로 결의한 바를 지속적으로 실현해 나가는 데 필요한 대상이 소멸하기 때문이다. 그러나 현존재의 형식적 존재구조의 관점에서 보면, 결의한 바를 실현함으로써 함께-있음을 가능하게 하는 공동 현존재가 더 이상 존재하지 않게 되는 것이 그 이유이다. 이에 반해 공동 현존재 모두에게 지옥을 선사하고 스스로 그 관리자이자 고문자가 되고자 하는 현존재는 자신이 결의한 바를 실현하는 경우에도 악을 행할 대상을 여전히, 항구적으로, 소유하게 된다. 그러나 그는 더 이상 공동 현존재를 함께-있을 존재자로서 지니지 않는다. 그는 다만 영원한 악마일 뿐이고, 이전에 자신의 공동 현존재였던 모든 인간의 영혼 위에 군림하는 폭군일 뿐이며, 그 까닭은 그가 자신이 결의하는 바를 실현함으로써 현존재로서의 자신의 존재를 무화해 버렸기 때문이다. 아마 이러한 존재자의 존재에게 가장 알맞은 성격규정은 바로 —보들레르적 의미의— 권태일 것이다. 모든 것을 지배하게 된 절대악의 화신은 악으로 변화시킬 선도, 악의 근원적 가능 근거인 증오와 분노의 실질적 대상도 지니지 못한다. 그것은 순연하게 비역사적인 존재자의 이념이고, 영원히 자기동일적인 가학성의 비참한 굴욕의 드러남일 뿐이다. 결국 절대적으로 악한 정신이란 굴종시켜야 할 선의 존재를 통해서만, 선을 지향하는 자와 치열하게 싸우고 승리하려는 의지를 통해서만, 기쁨과 쾌락을 맛볼 수 있는 어떤 것이다. 그러한 점에서 절대악의 실현은 악으로서 존재할 이유의 소멸 외에 다른 아무것도 아니다. 보들레르가 『악의 꽃』의 서시 「독자에게」에서 별다른 몸짓과 고함도 없이 지구를 산산조각 낼, 하품 한 번으로 온 세상을 삼킬, 괴물로 묘사한 권태의 의미가 바로 이것이다. 권태에 시달리는 것이야말로 선의 완전한 부정과 무화를 단호하게 지향하는 정신의 숙명이다. 선과 싸워 승리를 거두면서도, 선을 원하는 자의 정신에 지울 수 없는 고통과 굴욕의 기억을 남기면서도, 절대악을 지향하는 현존재는 늘 이러한 권태로부터 자유로울 수 없다. 절대악의 완전한 승리를 구가할 미래의 자기를 향한 존재론적 기획투사 속에서 현존재는 자신이 결의하는 바의 온전한 실현이 절대악을 지향하는 현존재로서 존재할 의미의 소멸 외에 다른 아무것도 뜻하지 않음을 언제나 이미 알고 있기 때문이다.

절대악을 지향하는 현존재의 존재에 함축된 이러한 근

원적 자가당착과 모순은 『말도로르의 노래』에 매우 분명하게 묘사되어 있다. 그 하나의 예시는 두 번째 노래 제13장에 묘사된 그 기이한 이야기, 즉 순연하게 자연적인 잔혹의 상징인 상어와 말도로르 사이에 이루어진 교미와 사랑에 관한 이야기이다. 말도로르는 상어를 자신의 "첫사랑"[28]이라고 부른다. 잔혹의 상징인 상어를 자신의 첫사랑이라고 부름으로써, 그리고 그 부름을 통해 어떤 상징적인 정신의 교감이 아니라 강렬한 육체적 열정과 교미, 그로 인해 얻게 된 쾌감, 황홀경 등을 표현함으로써, 말도로르는 악을 향한 자신의 의지에 스스로 하나의 현실적 한계를 부여한다. 상어는 악을 지향하는 존재가 아니다. 그것은 그저 자신의 자연적 본성에 따라 잔혹할 뿐이다. 선을 지향하는 자가 악의 상징으로 여길 만한, 그러나 실제로는 순연하게 자연적일 뿐인, 잔혹한 짐승을 사랑함으로써 말도로르는 악을 향한 자신의 의지가 그 어떤 것을 그 존재 자체에서부터 사랑하고 긍정하고자 하는 마음에 의해 제약되어 있음을 드러내는 것이다. 결국 상어에게서 자신의 첫사랑을 발견하는 말도로르는 극악을 추구함으로써 도리어 일종의 선을 추구하게 되는 전도되고 착종된 정신의 소유자로서 자신을 발견하는 셈이다. 선을 추구하는 자들에 의해 —부당하게도— 악의 상징으로 낙인찍히고 부정당하는 한 존

28　로트레아몽(2020), 128.

재자를 순연하게 긍정하고 사랑함으로써 말도로르는 선의 이면에 숨은 악을 드러내고, 동시에 악의 이면에 드러나는 선을 드러내는 것이다. 말도로르의 정신이 보들레르가 말한 바와 같은 의미의 권태에 함몰되지 않는 까닭은 그가 ―그 자신의 자기이해와 별개로― 절대악을 지향하는 존재가 아니라 실은 악과 더불어 선을 지향하는 존재, 일상세계에서 선으로 통용되는 일종의 도구적 가치를 철저하게 부정함으로써 근원적으로 규범적인 일상적 현존재의 도덕적 기획투사에 의해 가려지고 부정당한 선을 지향하는 존재자이기 때문이다. 즉, 말도로르는 자신과 공동 현존재의 관계를 악의 수행을 통해 양의적 함께-있음의 관계로부터 일의적 함께-있음의 관계로 되돌리려는 현존재의 전형이다. 그럼에도 말도로르는 단순히 절대악만을 지향하는 존재자로서 규정될 수 없다. 말도로르는 현존재란 절대악을 향한 결의를 통해서도 선을 지향하기를 멈출 수 없는 역설적 존재자임을 드러내는 일종의 표본이다.

그렇다면 말도로르는 진실한 선과 거리가 있는 일상적이고 전통적인 의미의 선과 투쟁함으로써 고차원적이고 순수한 선을 이루고자 하는 것일까? 이러한 물음 속에는 이미 '인간이란 말도로르가 단호히 거부한 일상적이고 전통적인 의미의 선을 추구해야만 하는 존재자'라는 관점이 함축되어 있다.

증오로 인해 누군가를 잔혹하게 살해한 범죄자의 경우에 대해 생각해 보자. 그는 본래 피해자를 사랑하지도 않았고,

한 인간으로서 존중하지도 않았다. 그가 피해자를 살해한 까닭은 한 여성을 강간하려는 순간 피해자가 나타나 자신을 방해했기 때문이었다. 경찰에 붙잡혀 심문을 받을 때도, 재판정에 섰을 때도, 그는 조금도 반성의 기색을 보이지 않았다. 그 때문에 사람들은 그를 죽어 마땅한 죄인으로 여기고 증오와 분노의 감정을 표출했다.

이때 사람들이 범죄자에 대해 품은 증오와 분노의 감정은 인간이란 마땅히 선한 삶을 지향해야만 한다는 믿음에 의거한 것이라고 볼 수 있다. 물론 여기서의 선이란 타인을 해치지 않으려 함, 사회적 공존의 지반을 무너뜨리지 않음, 더 나아가 타인을 도우려 애씀, 사회적 공존의 지반을 공고히 하는 데 이바지함 등의 의미를 함축한다. 일상세계에서 선으로 통용되는 이런 모든 의미는 타인을 해치는 자, 사회적 공존의 지반을 무너뜨리는 자에 대한 잠재적·현실적 증오의 가능 근거이기도 하고, 그 자체로 증오의 표현이기도 하다. 간단히 말해, 일상적 의미의 선이란 한정된 수의 사람들에게 이익을 주려 한정된 수의 사람들을 증오하고 배척함을 뜻할 수밖에 없다.

물론 누군가는 일상적인 의미의 선보다 더욱 고차원적이고 순수한 선을 추구할 수 있다. 증오란 결국 폭력의 악순환으로 이어질 수밖에 없다는 것을 자각하고서, '죄는 미워하되 사람은 미워하지 말라!'를 자신의 신조로 삼고 대다수 사람들이 증오하는 잔인하고 뻔뻔스러운 범죄자조차도 사랑하려 애쓰는 식으로 말이다. 말도로르가 추구하는 것은 물론 이러한 의미의 고차원적이고 순수한 선일 수 없다. 그가 추구하는 것은 증오의 환기이고, 자신을 비롯한 모든 현존재가 자기 종족의 절멸을 위한 투쟁에 나서는 것이기 때문이다. 그럼에도, 적어도 존재론적으로는, 말도로르적 존재기획의 궁극적 지향점으로서의 절대악이 이러한 의미의 고차원적이고 순수한 선보다 더욱 순수한 선일 수 있는 가능성은 배제할 수 없다. 그 까닭은 말도로르가 추구하는 절대악이란 선과 악이 완전히 하나가 되는 지점, 그럼으로써 악을 악으로서 규정하고 심판함이 본래적으로 무근거해지는 실존적 상황을 뜻하기 때문이다. 달리 말해, 말도로르의 절대악은 선과 악이 그 안에서 착종된 것으로서 동시에 절대선이다. 말도로르의 절대악으로서의 절대선이 통념적 의미의 —신의 무한한 사랑의 이념을 통해 표본적으로 기술되는— 절대선과 다른 것은 그것이 절대악으로서의 성격을 온전히 보지하는 가운데 절대선으로서 그 근본 성격이 규정될 근거를 부여받는다는 점이다.

　　이제 말도로르가 자신에게 증오의 환기를 바라는 독자에게 무엇을 약속했는지 상기해 보자. 말도로르는 독자에게 "아름답고 검은 공중에서, 한 마리 상어처럼, 배를 뒤집고서, 그대가 원하는 만큼, 이루 셀 수 없을 정도로 많은 쾌락에 잠겨"[29] 있게 될 것이라고 말한다. 증오의 환기가 가져다줄 쾌락은 물론 일상적 의미의 양심과 양립할 수 없다. 이는 곧 증오의 환기가 가져다줄 쾌락에 잠기게 될 존재자로서, 말도로르의 —한정되지 않은 수의— 독자는 모두 본래 양심과 무관한 존재자라는 선언과 같다. 바로 이러한 이유로 말도로르는 독자에게 다음과 같이 밝힌다.

> "오 괴물이여, 내가 그대에게 단언하건대, 그대가 계속해서 삼천 번 신神의 저주받은 양심을 숨 쉬는 데 미리 전념한다 할지라도, 그 증오의 붉은 발산은 그대의 끔찍한 코의 형태 없는 두 구멍을 즐겁게 해 줄 것이다! 이루 다 표현할 수 없는 만족과, 변하지 않는 황홀함으로 엄청나게 팽창될 그대의 콧구멍들은, 향수와 향내로 이루어진 것처럼 그렇게 향기로워진 공간에 더 나은 무엇인가를 요구하지 못할 것이다. 왜냐하면, 그대의 콧구멍들은 쾌적한 천국의 평화와 그 화려함 속에서 살고 있는 천사들처럼, 완전한 행복으로 포만될 것이기 때문이다."[30]

왜 말도로르의 독자는 '계속해서 삼천 번 신의 저주받은

29 로트레아몽(2020), 9.
30 로트레아몽(2020), 9.

양심을 숨 쉬는 데 미리 전념하게' 될까? 일상적 존재자로서 언제나 이미 규범화된 일상세계에서 신의 이름으로 절대화된 양심의 지배를 받게 되었기 때문이다. 그렇다면 이렇듯 무수히 반복해서 자신의 존재를 되잡아 알려 오는 신과 양심의 부름에도 불구하고 말도로르의 독자가 증오의 환기가 가져다줄 쾌락에 빠져들고, 그럼으로써 완전한 행복으로 포만될 까닭은 무엇인가? 그 이유는 두 가지로 나뉘어 설명될 수 있다. 하나는, 규범이란 본래 인간의 자연적 본성과 욕망을 부정하고 무화하는 방향으로 움직이는 것이라는 점에서, 무수히 반복해서 자신의 존재를 되잡아 알려 오는 신과 양심의 부름 자체가 인간이란 실은 신과 양심의 부름이 들리지 않는 곳으로 뛰쳐나가려고 하는 양심의 죄수와도 같음을 알린다는 것이다. 이러한 관점에서 보면 임의의 자유의 실현이 증오의 환기가 가져다줄 쾌락과 행복의 원인이자 이유이다. 또 다른 하나는 욕망하는 바의 실천 및 충족이 필연적으로 —한시적으로든 항구적으로든— 쾌락과 행복을 안겨 준다는 점이다. 이러한 관점에서 보면 욕망에 충실함이 —혹은 일상적 양심의 관점에서 보면 욕망에 속박되어 있음이— 증오의 환기가 가져다줄 쾌락과 행복의 원인이자 이유이다.

　　현실적으로 냉정하게 성찰해 보면, 말도로르의 선언은 순전한 헛소리에 불과하다. 증오의 환기가 가져다줄 쾌락과 행복이란, 말도로르에게 자신과 자신의 독자가 모두 실은 말도로르(의 돼지)에 불과하다는 점에서 보면, 자기 종족의 절멸을 위한 투쟁 속에서 쟁취되는 것이기 때문이다. 비유적으로가 아니라 실제적으로, 자신이 주위의 모든 사람과 부단히 생사를 건 투쟁을 벌여야 한다고 생각해 보라. 때로는 승리가 가져다주는 모종의 쾌락과 행복이 찾아올 때도 있겠지만, 대개는 타자에 의해 자신이 언제든 끔찍스럽게 죽임당할지 모른다는 가능성을 예감하며 끝없는 불안과 공포에 시달려야 할 것이다. 그런 점에서 언제나 이미 규범화된 일상세계에서 정의와 선의 절대적 근거로 통용되는 신(성)과 양심에 맞선 말도로르의 투쟁은 본래적으로 자가당착적이며, 증오의 환기를 위한 자신의 투쟁이 한정되지 않은 수의 자신의 독자에게 무한한 쾌락과 행복을 선사하게 될 것이라는 말도로르의 약속은 말도로르의 자기기만의 결과이거나 노골적인 기만과 협잡 이상도 이하도 아니다. 그러나 존재론적 관점에서 보면, 말도로르가 인간 현존재의 실존론적 존재구조에 근원적으로 속한 것으로서의, 그리고 바로 이러한 의미에서 인간 현존재의 본래적이고 근원적인 존재방식의 원인이자 이유로 작용하는, 특별한 의미의 쾌락과 행복을 드러내었다고 볼 수 있다. 규범이 한 자연적인 존재자로서 인간이 원하는 것의 실현을 부단히 금지하는 방향으로 작용하는 것인 한에서, 그리고 규범의 근거를 신(성)에서 발견하는 경우, 인간이란 본래 신(성)에 대한 반역자로서 존재하는 존재자라는 결론이 따라 나온다. 인간은, 본래적이고 근원적으로, 신(성)이 금지하는 바를 직접 행하고 실현함으로써 쾌락과 행복을 맛보게 되는 존재자라는 뜻이다. 그런 점에서 말도로르가 꾼 그 거의 불가해한 꿈, 즉 스스로 돼지가 되어 자기에게 신성의 가장 작은 조각조차 남지 않았음을 자각하고서는 즉각 자기 종족의 절멸을 위한 투쟁을 벌이게 되는 말도로르의 꿈은 인간 현존재란 본래 부단히 신(성)에 대한 반역을 꿈꾸면서 쾌락과 행복을 느낄 수밖에 없는 존재자라는 것을 은유화한 것이라고 볼 수 있다. 실현될 수 없다는 점에서 보면, 말도로르의 선언은 순전한 헛소리, 완전한 자기기만의 결과이거나 노골적인 기만과 협잡일 수밖에 없다. 그러나 인간 현존재가 결코 말도로르가 선언한 바의 실현을 꿈꾸기를 멈출 수 없다는 점에서 보면, 그것은 ─실현될 수 없는 말도로르의 꿈을 현실화될 수 있는 것으로서 믿고 받아들이지 않는 경우─ 누구도 그것으로부터 벗어날 수도 없고, 실은 ─적어도 한 자연적인 존재로서는─ 벗어나기를 원하지도 않는 바로 그 꿈으로부터 어떤 쾌락과 행복도 맛볼 수 없으리라는 일종의 경고이다. 이 경우, 말도로르의 관점에서 보면, 신(성)의 이름으로 절대화된 규범에의 예속이 우리를 기다리고 있을 뿐이다. 예속된 정신은 물론 좌절감과 열패감, 소외감과 우울 등에 시달리기 마련이다.

우리는 앞에서 말도로르는 신(성)에 대한 단순한 적대자로서 규정될 수 없다는 것을 살펴본 바 있다. 순연하게 선한 존재자로서의 신이 현실적으로 존재하는 경우, 말도로르의 투쟁은 아무 희망도 없을 것이고, 그 때문에 그가 약속한 쾌락과 행복이란 신에 의한 영원한 징벌을 정당화할 그 이유가 될 것이다. 바로 그 때문에 선이란 존재하지 않는다는 말도로르의 선언, 선의 이면에는 증오가 감추어져 있으며, 신 역시 실은 증오의 존재를 가리킬 뿐이라는 말도로르적 믿음은 염세주의나 부정적인 의미의 허무주의에 빠져야 할 이유가 되지 않는다. 실은 그 반대이다. 선이란 증오의 가면에 불과하다는 것 자체가, 신이란 사람들이 생각하는 것과 달리 무시무시한 증오의 존재에 불과하다는 것 자체가 말도로르에게는 무한한 쾌락과 행복을 약속하는 존재론적 근거가 된다. 물론 그 약속은 결코 이루어지지 않을 것이다. 그러나 증오의 존재로서 '제멋대로' 자신의 피조물인 인간 종족을 절멸할 수 있는 신의 자가당착이 자기의 종족을 절멸할 현실적인 역능의 부재에도 불구하고 부단히 자기 종족의 절멸을 꿈꾸는 말도로르의 존재를 요구하는 것과 마찬가지로, 말도로르의 약속은, 바로 그 자가당착성과 모순으로 인해, 결단코 이루어질 수 없는 것으로서 남아야 한다. 그럼에도 불구하고 말도로르의 꿈은 순연한 비존재 내지 비현실일 수 없는바, 그 까닭은 인간 현존재에게 존재란 인간 현존재의 꿈과 믿음에 상응하는 방식으로밖에는 자신을 열어 보일 수 없는 것이기 때문이다.

물론 때로 우리는 우리의 꿈과 믿음에 상반되는 것처럼

여겨지는 현실과 부딪히기도 한다. 이 경우 우리는 우리의 꿈과 믿음에 상응하지 않는 존재의 의미에 눈뜨게 되는가? 이러한 물음에 대한 대답은 꿈과 믿음의 성격에 따라 달라진다. 우리의 꿈과 믿음이 우리 자신이 선택할 수도 있고 선택하지 않을 수도 있는 종류의 것이라면, 우리는 분명, 우리의 꿈과 믿음에 상반되는 것처럼 여겨지는 현실과 부딪히게 되는 경우, 우리의 꿈과 믿음에 상응하지 않는 존재의 의미에 눈뜨게 된다. 그러나 이와 반대로 우리의 꿈과 믿음이 우리가 선택하거나 말거나 할 수 있는 것이 아니라 인간 현존재로서 필연적으로 지니게 되는 것인 경우, 우리의 꿈과 믿음에 상반되는 것처럼 여겨지는 현실이란 생겨날 수도 없고, 설령 생겨난다고 하더라도, 체념이 아니라 현실을 반드시 넘어서야 할 장애물과도 같은 것으로 해석하도록 하는 그 원인으로서 작용하기 마련이다. 인간 현존재란 자신의 본래적이고 근원적인 꿈과 믿음에 상응하는 방식으로 기어이 현실세계를 변혁하고자 하는 욕망과 의지의 존재자이기 때문이다.

말도로르(의 돼지)의 꿈은 분명 우리가 선택할 수 없는 종류의 것이다. 물론 그렇다고 해서 말도로르(의 돼지)의 꿈이 일종의 자연필연성과 같은 것에 의해 생겨나는 것이라고 여길 필요는 없다. 그 꿈은 오직 언제나 이미 규범화된 일상세계에서만 생겨날 수 있는 것이기 때문이다. 그러나 일상세계-안에-있음이 인간 현존재의 근원적인 존재방식에 속한 것인 한에서, 그리고 일상세계란 본래 언제나 이미 규범화된 것인 한에서, 인간 현존재는 반드시, 그리고 존재론적 필연성에 의해, 말도로르(의 돼지)의 꿈을 향유하거나, 혹은, 그 꿈에 시달리거나 해야 한다.

말도로르는 공동 현존재를 순연하게 증오하는 자이기도 하고, 순연하게 사랑하는 자이기도 하다

말도로르가 절대악을 향한 지향성 속에서 자신과 공동 현존재 사이의 관계를 양의적인 것에서 일의적인 것으로 전환하려 시도하는 현존재라는 것은 공동 현존재에 대한 말도로르의 태도가 기본적으로 증오와 적개심에 의해 특징지어져야 함을 뜻한다. 이 점은 그가 스스로 기꺼이 인간 이하의 짐승으로 퇴행하기를 원하는 존재자라는 점에서, 그리고 그 까닭이 자기 종족의 절멸을 위한 투쟁을 수행하기 위해서라는 점에서 잘 나타난다. 그러나, 말도로르의 절대악이 실은 절대선과 절대악의 착종적 통일로서 파악되어야 하는 것과 마찬가지로, 공동 현존재를 향한 말도로르의 증오와 적개심은 그 자체로 공동 현존재를 향한 절대적인 긍정과 사랑의 표현이기도 하다. 이 점은 말도로르가 자신에게 증오의 환기를 바라는 독자에게 마치 상어처럼 증오가 불러일으키는 강렬한 쾌

219

락에 잠기게 될 것임을 약속한다는 것과 잔혹의 상징인 상어를 자신의 첫사랑이라고 부른다는 것에서 확인된다.

말도로르의 증오와 적개심이 그 대상에 대한 긍정 및 사랑과 착종적으로 통일되어 있다는 것은 말도로르의 절대악이, 선과 무관한 순연한 악이 아니라는 점에서, 본래 절대악이 아니라는 것을 뜻할까? 이러한 질문은 마치 악마가 동류의 악마를 사랑함은 그가 더 이상 악마가 아니라는 것을 뜻하는지 묻는 것과 같다. 사랑이라는 감정이 악마가 지향하는 순연한 악과 양립할 수 없다는 점을 중시하면 동류의 악마를 사랑하는 악마는 자신의 사랑으로 인해 악마로서 존재하기를 그치게 되었다고 볼 수 있을 것이다. 그러나 악마가 동류의 악마를 순연한 증오와 적개심을 지향하는 존재자로서 사랑하는 것이라면, 그렇기에 자신이 동류의 악마를 증오하는 것뿐 아니라 반대로 동류의 악마가 자신을 증오하는 것 역시 기꺼워한다면, 동류의 악마를 향한 악마의 사랑은 악마를 더욱 순연하게 악마로 만드는 것이라고 볼 수도 있다. 악을 향한 사랑이야말로 자신의 본성으로 인해 그저 악한 정신의 상태에 머물러 있음보다 더욱 맹렬하게 악을 행하게 하는 것이니 말이다.

우리는 앞에서 말도로르가 잔혹의 상징인 상어를 자신의 첫사랑이라고 부름으로써 악을 향한 자신의 의지에 스스로 하나의 현실적 한계를 부여하게 된다는 것을 살펴본 바 있다.

잔혹한 인간의 상징으로서가 아니라 순수한 짐승으로서의 상어는 악을 지향하는 존재자가 아니라 그저 자신의 자연적 본성에 따라 잔혹할 뿐이다. 그런 점에서 상어를 향한 말도로르의 사랑은 언제나 이미 규범화된 일상세계에서 악으로 통용되는 자연적 본성으로서의 잔혹함을 향한 사랑이라고 볼 수 있을 것이다. 바로 이러한 점에서도 우리는 말도로르의 절대악이 본래적이고 근원적으로 자가당착적이라는 것을 확인해 볼 수 있다. 언제나 이미 규범화된 일상세계에서 정의와 선으로 통용되는 것은, 그리고 그 절대적인 근거로서의 신(성)은, 상어처럼 악을 지향하는 존재자가 아니라 그저 자신의 자연적 본성에 따라 잔혹할 뿐인 짐승을 —분명 부당하게도— 악한 존재자로 낙인찍는다. 그 때문에 말도로르의 절대악은 자신의 자연적 본성에 따라 잔혹할 뿐인 짐승을 위한 투쟁, 부당하고 그 자체로 자가당착적인 선의 이념에 의해 부당하게도 악한 존재자로서 낙인찍힌 모든 자연적 존재자를 향한 절대적인 긍정과 사랑의 표현이기도 하다.

주의할 점은 말도로르의 절대악이 자연적 존재자를 향한 절대적인 긍정과 사랑의 표현이라는 것이 말도로르의 절대악의 절대악으로서의 성격을 무화시키지 않는다는 것이다. 선의 이념에 의해 악으로 규정된 것에 대해 악으로서의 본질을 사상시켜 버리고 순연하게 자연적인 것으로서 재규정하고 긍정한다는 것 자체가, 적어도 선의 이념을 긍정하는 정신의 관점에서 보면, 실은 궁극의 악이기 때문이다. 그렇기에 선이란 허명에 지나지 않을 뿐이라는 말도로르의 생각은 말도로르의 절대악에게서 절대악으로서의 성격을 약화하거나 제해 주는 것이 아니라 도리어 공고히 하는 것이다.

그럼에도 말도로르의 절대악이 자가당착적이고 모순된 것이라는 점은 변하지 않는다. 말도로르가 지향하는 것이 절대악일 수밖에 없는 것은 그것이 일상세계에서 선과 정의로 통용되는 것을 부정한다는 것을 통해 설명될 수 있는 것이 아니다. 중요한 점은 일상세계에서 선과 정의로 통용되는 것이란 공동 현존재의 일상적이고 평온한 삶을 가능하게 할 질서의 근거라고 하는 것, 그리고 말도로르의 투쟁이란, 자기 종족의 절멸을 위한 것이라는 점에서, 공동 현존재의 일상적이고 평온한 삶 자체에 대한 절대적인 부정의 정신의 발로라는 것이다. 말도로르의 투쟁은, 예컨대 니체가 『비극의 탄생』에서 아폴론적 의지와 디오니소스적 의지의 길항작용을 통해 설명하는 것과 달리, 삶을 위해 삶에 불리한 무질서를 극복하고자 하는 투쟁도 아니고, 삶을 보존하고 증진하는 방향으로 작용할 새로운 질서의 수립을 위해 삶에 억압적인 방향으로 작용하는 낡은 질서를 무너뜨리고자 하는 투쟁도 아니다. 그것은 그저 투쟁을 위한 투쟁, 정신으로부터 일상적이고 평온한 삶을 가능하게 할 질서에의 동경을 박탈해 버려서 정신으로 하여금 오직 절멸을 위한 그 누군가와의 상호투쟁 속에서만 삶의 의미와 이유를 발견하도록 하기 위한 투쟁일 뿐이다. 바로 이러한 점에서 말도로르의 투쟁은, 그와 실존론적 관계를 맺고 있는 공동 현존재의 관점에서 보면, 절대악의 수립을 위한 투쟁이다. 그러나 말도로르가 자신의 공동 현존재에게서 자신과 동일한 정신의 소유자를 발견한다는 점에서, 자신과 마찬가지로 정의와 선 등 신(성)과 결부된 이념과 본래적이고 근원적으로 무-연관적인 존재자를 발견한다는 점에서, 절대악의 수립을 위한 말도로르의 투쟁은 본래적이고 근원적으로 짐승인 현존재가 짐승으로, 돼지와 상어로, 퇴행할 권리를 획득하도록 하는 투쟁, 규범의 제약을 뚫고 기꺼이 짐승으로 퇴행하기를 원하는 모든 공동 현존재를 향한 사랑의 발로로 행해지는 투쟁이다. 그리고 바로 이러한 점에서 말도로르의 절대악은, 절대악으로서의 본질을 보지하는 가운데 절대선으로서의 성격을 함께 띠고 있다는 뜻에서, 자가당착적이고 모순적이다.

　　말도로르는 본래성을 되찾기 위해 절대악을 지향하는 현존재의 존재에 함축된 근원적 자가당착과 모순을 드러내는 일종의 표본이다. 말도로르의 존재가 지니는 이러한 존재론적 의미에 대한 또 다른 예시는 첫 번째 노래 제7장의 반딧벌레와 매음에 관한 이야기이다. 이 장의 첫머리에서 말도로르는 "나는 가족들 사이에 무질서를 씨 뿌리기 위해 매음과 협정을 맺었다"라고 선언한다. 그런데 말도로르의 진술 속에서 매음은 무질서의 씨앗을 상징하기도 하고, 실제로 인간관계를 맺을 수 있는 "한 아름다운 나체의 여인"의 이름이기도 하다. 자신의 발치에 누운 이 여인에 관해 말도로르는 다음과 같이 말한다.

"나는 슬픈 얼굴로, 그녀에게, '다시 일어나도 좋다'고 했다. 나는 그녀에게 손을 내밀었고 그 손으로 형제살해범은 제 누이의 목을 조른다. 반딧벌레가, 내게, '그대여, 돌을 들어 그녀를 죽이라'고 하여, '왜?'[하고] 그에게 내가 말했다. 그가, 나에게, '나는 가장 강한 자이니, 가장 약한 자, 그대는 조심하라. 그녀는 **매음**이라 불린다.' 나는, 눈에서 눈물이 나고, 마음속에서 분노가 치밀며, 알 수 없는 어떤 힘이 생겨나는 것을 느꼈다. 나는 커다란 돌 하나를 주웠다. 많이 애쓴 끝에, 나는 힘겹게 그것을 내 가슴 높이까지 올렸다. 나는 두 팔로 그 돌을 어깨 위에 얹었다. 나는 산의 정상까지 기어올랐다. 거기에서부터 나는 반딧벌레를 내리쳤다. 그의 머리는 인간의 키만큼 흙 속으로 박혔고, 돌은 교회 높이의 여섯 배만큼이나 튀어올랐다. 돌은 호수 안으로 다시 떨어졌고, 한순간 낮아졌다. 표면에는 다시 고요함이 떠돌았고, 피 같은 불빛은 더 이상 빛나지 않았다. '슬프고도, 슬프구나! 그대는 무슨 짓을 한 것인가?' 그 아름다운 나체의 여인이 외쳤다. 나는, 그녀에게 말했다. '나는 그보다 그대를 더 좋아한다. 나는 불행한 것들을 불쌍히 여기기 때문이다. 영원한 정의가 그대를 창조했다면, 그것은 그대의 잘못이 아니다.'"[31]

기이하게도 이 이야기는 요한복음 속의 「간음한 여인과 예수」 이야기를 연상시킨다. 예수와 마찬가지로 말도로르는 불행한 것들을 불쌍히 여기는 자이며, 세상이 죄인으로 심판하려는 자를 살리려 한 인간을 도덕에 의거해 심판하는 것의 근원적 부당함을 드러내는 자이다. 물론 예수와 말도로르 사이에는 한 가지 커다란 차이가 있다. 말도로르는 스스로 세상의 파괴자가 되는 편을 택한다. 왜 말도로르는 매음과 협정을 맺어 가족들 사이에 무질서를 씨 뿌리려 했을까? 가족들 사이의 질서 잡힌 생활이 선악을 나누는 규범에 근거한 것임을 알기 때문이고, 또한 모든 규범은 한 존재자를 그 존재에서부터 부정하고 무화하려는 의지로부터 생겨나는 것임 역시 알기 때문이다.[32] 매음이라는 이름의 여자를 돌로 쳐 죽이라는

---

[31] 로트레아몽(2020), 17 이하. 원문 강조.

[32] 블랑쇼는 사드와 로트레아몽에 관한 1949년의 한 에세이에서 로트레아몽은 "불의에 대한 자연적 반항", "도착(倒錯)적 성격이나 악한 의도와 무관하게 덕을 향한 자연적인 경향, 강렬한 열광 등을 지닌다"는 점에서 "사드"나 "보들레르"와 구분된다고 말한다. Blanchot(2016), 70. 예리한 통찰력이 엿보이는 주장이기는 하지만, 블랑쇼의 관점은 기본적으로, 전통 철학적 관점과 마찬가지로, 악의 대립적 상관 개념으로서의 선으로 한정될 수 없는 보다

반딧벌레의 명령을 따르는 대신 말도로르는 도리어 명령의 수행 대상을 명령을 내리는 자로 바꾸어 반딧벌레를 돌로 쳐죽이고 만다. 그렇다면 반딧벌레란 누구, 혹은, 무엇인가? '나는 가장 강한 자'라는 반딧벌레의 자기소개를 글자 그대로 받아들이면, 반딧벌레는 곧 신이라는 결론이 나온다. 적어도 가장 강한 자로서 인간에게 도덕적 명령을 내리는 어떤 현실적인 존재자는 전통적으로 신이라 명명되어 왔다는 점을 고려해 보면 그렇다. 그러나 '죽을 수 있는 신'은 일종의 형용모순일 뿐이다. 신이란 태초로부터 영원까지 오직 그 자신으로 남을 뿐, 자신이 아닌 다른 것에 의해 변화되는 것이 아니기 때문이다. 결국 반딧벌레는, 신이 아니라, 신을 참칭하며 일상세계의 근원적 규범성의 근거로 작용하는 그 어떤 것의 상징이다. 신의 참칭자에 그 근원적 근거를 두고 있는 선악의 관념

고차원적이고 포괄적인 선을 지향할 수 있는 어떤 정신적 고상함을 통해 로트레아몽의 작품 세계를 설명하려는 경향으로부터 자유롭지 못하다. 하지만 말도로르는 덕을 향한 소위 자연적인 경향이 발견될 수 있고 또 발견되어야 한다는 전통적인 견해는, 그것이 필연적으로 인간에 대한 윤리적 심판을 정당화하도록 한다는 바로 그러한 이유로, 그 근원적 부당함 가운데 거부되어야 한다는 로트레아몽 특유의 문제의식을 체현한다. 즉 덕이란, 적어도 말도로르의 진술과 행위를 통해 드러나는 바에 따르면, 일상세계에서 덕으로서 통용되는 억압적 규범의식과 보다 포괄적인 참된 덕의 구분을 통해서 온전히 파악될 수 있는 성격의 것이 아니다. 도리어 덕의 이념은 말도로르에게 하나의 존재자를 심판할 근거로 작용한다는 점에서 언제나 이미 그 자체로서 자가당착적이다. 일상적 도덕의 위선성과 악함에 대한 말도로르의 비판을 근거로 말도로르가 특별한 유형의 덕을 지향한다는 식의 결론을 내려서는 안 된다는 뜻이다.

을 거부하면서, 말도로르는 선악의 관념에 입각하여 존재하는 것 중 어떤 것은 선하다 하고 또 어떤 것은 악하다 하는 현존재의 세계를 철저하게 파괴하고자 한다. 일상세계에서 삶을 살아가는 규범적 현존재의 관점에서 보면, 말도로르는 절대악의 화신이다. 자신과 공동 현존재의 삶을 가능하게 하는 모든 것을 향한 증오와 분노, 잔혹한 파괴에의 의지에 의해 움직이는 자가 곧 말도로르이기 때문이다.

매음(이라는 이름의 여인)을 향한 말도로르의 사랑은 존재론적으로 무엇을 뜻하는가? 이 물음에 대해서는 두 가지 상반된 해명이 가능하다. 하나는 말도로르란 절대악을 지향하되 실은 절대악의 화신일 수 없는 한계 안에서 그렇게 할 수밖에 없는 현존재의 실존론적 상황을 드러내는 존재자라는 해명이다. 또 다른 하나는 말도로르란 일상세계에서 악덕으로 통하는 매음을 향한 사랑을 통해 절대선과 착종적 통일성을 이루고 있는 절대악을 지향하는 존재자로서 자신을 드러낸다는 해명이다. 양자는 모두 존재론적으로 타당하며, 양자 사이의 차이는 해명의 방식의 차이일 뿐이다. 양자가 각각 서로 모순의 관계에 있어 양립할 수 없는 두 개의 존재론적 진실들을 드러낸다는 식으로 여겨서는 안 된다는 뜻이다.

우선 첫 번째 해명에 관해 생각해 보자. 아마 말도로르가 스스로 자신을 절대악의 화신으로 이해한다면, 그것은 그가 자신을 자신이 파괴하고자 하는 세계의 관점에서 헤아리기를 아직 그치지 못했기 때문일 것이다. 그러나 말도로르는 공동 현존재와의 양의적 함께-있음을 일의적 함께-있음으로 바꾸고자 절대악을 지향하는 현존재가 그 자신의 존재에서부터 역설적이고 자가당착적인 존재자라는 것에 대한 하나의 방증이다. 우리의 맹렬한 증오와 분노, 파괴에의 의지는 왜 생겨나는가? 온몸과 마음을 다해 지켜야 할 것이 있기 때문이다. 무엇을 지켜야만 하는가? 그것은 물론 자기 자신일 수도 있고, 자신이 아닌 그 누군가일 수도 있다. 그러나 공동 현존재 모두를 적으로 돌리며 스스로 공동 현존재 모두를 위한 지옥의 창조자이자 잔혹한 고문자가 되고자 하는 자는 보들레르적 의미의 권태 속으로 함몰될 수밖에 없음을 기억해야 한다. 이러한 현존재는 순연하게 자기파괴적인 존재자이고, 오직 이념일 뿐인 절대악을 지향하며 자신에게 부여한 망념으로서의 악마-자기에 스스로 시달릴 뿐이다. 오직 자신이 아닌 그 무엇을 사랑하고 연민하는 자만이 순연하게 자기파괴적이지 않은 증오와 분노, 파괴에의 의지를 품을 수 있다. 물론 우리의 증오와 분노, 파괴에의 의지는 그 무엇을 향한 우리의 사랑과 연민이 강렬하고 진실할수록 더욱 맹렬하다. 결국 말도로르 역시 그 무엇을 향한 순연한 사랑의 화신으로서 자신을 이해하는 자, 규범적 일상세계의 관점에서 보면 잔혹하고 그로테스크한 방식으로 작용하는 정의와 선의 화신으로서 자신을 받아들이는 자라는 결론이 나온다. 바로 그 때문에 말도로르는 매음이라는 이름의 여자에게 "안녕! 다시 또 안녕! 나는 그대를 영원히 사랑하리라!"라고 고백한다. 말도로르는 일상세계의 근원적 규범성이 신의 참칭자에 근거를 두고 있는 것임을 간파한 정신, 바로 그 때문에 스스로 악의 성자가 되기로 결의한 현존재인 것이다. 물론, 거듭 강조하거니와, 말도로르 역시 오직 자기파괴적인 방식으로만 절대악을 지향할 수 있다. 말도로르의 증오와 분노가 단순한 상징으로서의 매음이 아니라 살과 피를 가진 한 여자를 지키고자 하는 마음에 의해 생겨난 것인 한에서, 그리고 그러한 마음이 일상세계의 근원적 규범성에 의해 무가치하거나 악한 존재자로서 낙인찍힌 모든 불행한 존재자를 향한 것인 한에서, 말도로르는 악을 지향하되 스스로 절대악의 화신일 수 없는 한계 안에서 그렇게 하는 셈이다.

이제 두 번째 해명에 대해 생각해 보자. 첫 번째 해명은 증오와 적개심이란 자신이 지켜야 할 그 무엇에 대한 긍정과 사랑의 정신의 발로라는 점에서 순연한 악을 지향하는 것일 수 없다는 것을 가리킨다. 반면 두 번째 해명은, 자신이 지켜야 할 그 무엇에 대한 긍정과 사랑의 정신의 발로로서 생겨나는 것인 한에서, 증오와 적개심은 그 근거인 긍정과 사랑의 강함에 비례해서 강해지기 마련이라는 것을 가리킨다. 논리적으로 보면, 그리고 절대악이 그 무엇에 대한 사랑의 정신과도 양립할 수 없는 것이라고 전제하면, 두 번째 해명은 첫 번

229

째 해명에 대한 반박일 수 없다. 두 번째 해명 역시 증오와 적개심이 그 무엇에 대한 긍정과 사랑에 의해 한정되어 있음을 전제하기 때문이다. 그러나 선과 악은 결국 인간 현존재가 자신이 스스로 그리로 향해 나아갈 수 있고 또 나아가야만 하는 존재의 운동의 상반된 목적지로 상정하는 것이다. 이 점에서 보면, 첫 번째 해명에서 절대악의 근원적 불가능성을 가리키는 것으로 제시되었던 것이 실은 절대악을 향한 맹렬하고도 무한한 현존재의 존재의 운동의 본래적이고도 근원적인 가능 근거로서 재해석될 수 있다.

말도로르가 사랑의 대상으로 삼은 매음(이라는 이름의 여인)은 대체 무엇 혹은 누구인가? 매음이란 말도로르의 사유 속에서 자신의 존재의 운동을 선을 향한 것으로서 설정할 수 없는, 그리고 바로 이러한 의미에서 무능력한, 인간 현존재의 존재에 대한 하나의 상징이다. 니체적 초인의 관점에서 보면, 매음(이라는 이름의 여인)을 사랑하는 자는 기본적으로 —차라투스트라가 비판한 예수와도 같이— 동정하는 자이다. 매음이란 초인과 달리 보다 고차원적인 존재를 향한 길 위의 존재가 아니라 퇴행적인 존재, 인간 이하의 존재를 향해 퇴락해 가는 과정 속의 존재이기 때문이다. 그러나 매음을 향한 말도로르의 사랑은 차라투스트라가 비판한 동정과 같은 것으로 분류되기 어렵다. 그에게는 인간 이하의 존재를 향한 퇴락의 과정이 불행하고 두려운 것이기는커녕 오히려 기꺼운 것이기 때문이다.

　주의할 점은 매음을 향한 말도로르의 사랑이 그를 니체적 초인과 단순히 상반된 존재자로 만드는 것은 아니라는 것이다. 차라투스트라가 비판한 예수의 동정이란, 예컨대 「간음한 여인과 예수」의 이야기를 떠올려 보면, 말도로르가 사랑한 것과 같은 종류의 매음(이라는 이름의 여인)을 향한 것처럼 여겨지기 쉽다. 그러나 예수는, 차라투스트라의 관점에서 보면, 모든 인간을 동정한 자이며, 모든 인간을 향한 자신의 동정심 때문에 스스로 십자가의 희생양이 된 자이다. 바로 여기에 예수를 향한 차라투스트라의 비판의 핵심이 있다. 예수는 왜, 지극한 인간 사랑 때문에 스스로 자신의 몰락을 선택한 자라는 점에서 보면 전형적인 초인의 정신을 지녔으면서도, 실패할 수밖에 없었는가? 대다수의 인간들이 자신의 적당한 행복만을 추구하는 끝물 인간임을 알면서도 가차 없이 비판하기보다 동정하는 편을 선호했기 때문이다. 2천여 년 전 예수가 죽었을 때와 조금도 다를 바 없이 오늘날에도 대다수의 인간들이 자신의 적당한 행복만을 추구하는 끝물 인간에 속한다는 사실 자체가 니체의 관점에서 보면 인류 구원을 향한 예수의 기획이 실패했음을 알리는 분명한 표지이다.[33] 이 지점에서 보다 고차원적인 존재를 향한 니체적 초인의 상승의 운동

---

[33]　한상연(2020), 130 이하 참조.

과 본래적이고 근원적으로 퇴행적인 말도로르적 반反-초인의 하강의 운동이 인간의 일상적 현존에 대한 동일한 문제의식에서 출발한다는 것이 발견된다.

매음(이라는 이름의 여인)의 존재가 일상세계에서 부정되고 무화될 것으로서 의미화됨은 무엇 때문인가? 두 가지로 나뉘어 대답될 수 있다. 하나는 일상세계가 언제나 이미 규범화되어 있다는 점, 그리고 일상세계를 지배하는 규범적 의미연관 속에서 매음(이라는 이름의 여인)의 존재가 부정되고 무화되어 마땅한 것으로서 그 성격이 규정되어 있다는 점이다. 규범을 절대화할 그 근거를 신(성)으로 규정하는 경우, 일상세계에서 매음(이라는 이름의 여인)의 존재를 부정되고 무화되어 마땅한 것으로서 그 성격이 규정되도록 하는 근원적인 근거는 바로 신(성)인 셈이다. 다른 하나는 규범으로부터의 일탈이 일어날 때 처벌의 대상을 규범으로부터 일탈한 자들 가운데 가장 약한 자로 한정하도록 하는 일종의 희생양 제의祭儀이다. 매음과 같은 규범으로부터의 일탈은 왜 일어나는가? 규범이 금하는 바를 향한 욕망과 의지로부터 인간이 자유롭지 못한 때문이기도 하고, 규범이 금하는 바를 향한 욕망과 의지에 자신을 내맡김으로써 쾌락과 만족감을 얻을 가능성이 그로 인해 감수해야만 하는 위험의 가능성보다 더 가치 있다고 여기기 때문이기도 하다. 감수해야만 하는 위험이 참혹하게 고문을 당하거나 죽임을 당할 극단적인 성격의 것이어도 규범이 금하

232

는 바를 향한 욕망과 의지에 자신을 내맡기는 경우, 인간 현존재가 얻게 되는 쾌락과 만족감은 직접적이고 감각적인 성격의 것으로만 한정되지 않고 규범에 의한 억압으로부터 풀려날 때 얻게 되는 —보통 후련함, 내 멋대로 등의 말로 표현되는— 임의의 자유에 대한 정신적 희열 역시 포함할 것이다.

매음이란, 성적인 쾌락을 얻을 목적으로 돈을 지불하는 자가 처벌받지 않는 관행이 마련되어 있는 경우, 일종의 타협의 산물이다. 일상세계를 지배하는 규범적 의미연관에 예속된 정신이 자신의 예속상태를 수용할 만한 것으로 받아들이도록 할 목적으로, 규범적 의미연관의 정당성 및 타당성에 대한 인정을 조건으로 삼아, 규범이 금하는 바를 향한 욕망과 의지에 자신을 내맡기는 것을 그다지 위험하지 않은 것으로서 순화함이 그것이다. 말하자면 매음이란, 자신의 적당한 쾌락과 행복의 실현을 최우선시하는 끝물 인간들로 하여금 쾌락의 실현을 금하는 것으로서의 규범에 의한 지배를 용인할 만한 것으로서, 적당히 탈출구를 열어 주는 것으로서, 받아들이도록 하는 타협과 절충의 산물이다.

어떤 의미에서 매음(이라는 이름의 여인)은, 일상세계에서 끝물 인간에 불과한 대다수 인간들이 저지른 허물과 잘못에 대한 비난을 홀로 감당해 내도록 내몰린다는 점에서, 예수와 닮았다. 물론 둘 사이에는 적어도 두 가지의 차이가 있다. 매음(이라는 이름의 여인)은 규범에 의해 금지된 종류의 —그리고 그

233

런 점에서 일상세계에서 죄로 통용되는— 성행위에 스스로 참여하는 자이지만 예수는 그렇지 않다는 것이 그 하나이고, 매음(이라는 이름의 여인)은 스스로 세상의 죄를 대속할 것을 선택한 적이 없음에도 결국 자신의 의지와 달리 그렇게 하게 된 것이지만 예수는 스스로 세상의 죄를 대속할 것을 자유롭게 선택했다는 것이 또 다른 하나이다. 도덕적 관점에서 보면 매음(이라는 이름의 여인)은 흠결이 있는 자이고, 예수는 흠결이 없는 자이다. 그러나 동정을 거부하는 차라투스트라의 관점에서 보면, 예수는 매음(이라는 이름의 여인)이 세상에서 받게 된 수난과 고통에 책임이 있고, 그 점에서 도덕적으로 흠결이 있다. 매음(이라는 이름의 여인)에게 수난과 고통을 안겨 주는 세상이란 결국 일상세계를 뜻하는 것일 수밖에 없기 때문이다. 일상세계를 지배하는 규범적 의미연관은 자신의 적당한 쾌락과 행복의 실현을 최우선시하는 끝물 인간들로 하여금 규범이 금하는 행동을 해도 그 책임을 자신이 아닌 그 누군가가 —예컨대 매음(이라는 이름의 여인)이— 대신 짊어지게 됨을 당연시하도록 한다. 예수는, 차라투스트라의 관점에서 보면, 끝물 인간에 불과한 대다수의 인간들을 가차 없이 비판하기는커녕 도리어 동정의 대상으로 삼아 그들을 구원하기 위해 자신을 희생양으로 삼는 편을 택했다. 그러나 이러한 예수의 선택은 끝물 인간들로 하여금 보다 더 나은 존재가 되도록 하는 데 이바지하지 못했고, 그 때문에 세상에는, 예수 자신처럼, 끝물 인간들이 쾌락과 행복을 얻는 대가로 희생양이 되어야만 하는 사람들이 부단히 생겨나게 되었다.

예수에 대한 이러한 언명들이 온당한 것인지 세세히 따지는 것은 이 글의 논의를 위해 중요하지 않다. 우선 주목할 점은 예수와 달리 대다수의 인간들을 동정의 대상으로 삼지 않고 가차 없는 비판과 투쟁의 대상으로 삼았다는 점에서 차라투스트라와 말도로르가 통한다는 것이다. 물론 차라투스트라와 말도로르는 상반된 길을 택했다. 차라투스트라가 대다수의 인간들을 가차 없는 비판과 투쟁의 대상으로 삼은 것은 그들을 인간 이상의 존재, 인간보다 더욱 고차원적인 존재가 되도록 하기 위함이었다. 반면 말도로르는 자신의 불특정한 독자인 모든 인간 현존재가 짐승으로 퇴행하기를 원한다. 어떠한 길이 더 바람직한가? 물론 차라투스트라의 길이 더 바람직하다. 결국 말도로로의 길은 모든 인간 현존재가 규범의, 그리고 일상세계에서 그 절대적인 근거로 통용되는 신(성)의, 지배로부터 벗어남으로써 모두가 자신을 제외한 다른 모두의 절멸을 위해 투쟁하도록 하려는 결의에 의해 마련된 것이기 때문이다.

그러나 존재론적으로 보면, 말도로르의 길이 차라투스트라의 길보다 나은 점도 분명 있다. 차라투스트라의 길은 먼 미래의 고차원적인 인간을 위해 지금의 인간을 가차 없이 비판하려는 결의에 의해 마련된 것이다. 그 길은 모두가 부단히 걸어야 할 길이고, 도달할 목적지가 본래 없는 길이며, 인간의 지금을 자신에 대한 가차 없는 비판과 부정의 순간으로 영원히 전환하도록 하는 길이다. 어떤 의미에서는 말도로르의 길 역시 지금의 인간을 가차 없이 비판하려는 결의에 의해 마련된 것이라고 볼 수 있다. 말도로르에 의해 가차 없이 비판되는 인간은 일상세계를 지배하는 규범적 의미연관에 예속된 일상적 자기이며, 니체가 말하는 끝물 인간 역시, 일상세계에서 안주하며 적당한 쾌락과 행복만을 추구하는 유형의 인간을 가리키는 말이라는 점에서, 일상적 자기라고 할 수 있다. 하지만 희한하게도 지금의 인간에 대한 말도로르의 가차 없는 비판은 먼 미래의 인간을 위한 것이 아니라 지금의 인간 자체를 위한 것이다. 일상세계를 지배하는 규범적 의미연관에 예속된 지금의 자기란 스스로 규범에 의한 강제를 요구하도록 하는 그 근거와 원인으로 존재하는 존재자인바, 규범이 금하는 바를 기꺼이 욕망하고 실현하려는 본래적이고 근원적인 결의에 의해 특징되어야 하는 것이다.

차라투스트라가 권면하는 상승의 운동과 달리 말도로르가 선택한 하강의 운동은 지금의 자기를 지금의 자기 그 자체로서 순연하게 긍정할 목적으로 스스로 지금의 자기를 비판하고 부정하고 무화하도록 하는 규범적 의미연관을, 그 규범적 의미연관에 예속된 정신으로서의 지금의 자기를, 가차 없이 비판할 것을 요구한다. 바로 이러한 이유로 자기 종족의 절멸을 위한 것으로서 말도로르의 투쟁은 절대악을 향한 지향성 가운데 이루어지는 것이면서도, 동시에, 자기의 종족이 모두 지금의 자기 그 자체를 순연하게 긍정하고 사랑할 것을 권면한다는 점에서, 절대선을 향한 지향성 가운데 이루어지는 것이라고 볼 수 있다. 말도로르에게 자기의 종족은 일상세계를 지배하는 규범적 의미연관에 예속된 정신으로 존속한다는 점에서, 일상세계에서 규범의 절대적 근거로서 통용되는 신(성)의 날카로운 편린들을 일상적 자기의 근원적인 요소로서 지니고 있다는 점에서, 가차 없는 투쟁의 대상이 되어야하고 또 반드시 말도로르에 의해 절멸당해야 한다. 그러나 말도로르에게 증오의 환기를 바란다는 점에서, 증오가 환기되는 경우 말도로르의 첫사랑인 상어처럼 증오의 대상을 향한적개심과 투쟁욕 속에서 무한정한 쾌락과 행복의 가능성을발견한다는 점에서, 규범적 의미연관에 예속된 지금의 자기를 자기-아님으로서 스스로 부정하고 무화할 가능성을 지니고 있다는 점에서, 말도로르가 절멸을 위한 투쟁의 대상으로삼은 자기의 종족이란 실은 순연하고 무조건적인 사랑의 대상이기도 하다.

5장 | 결론: 잠재적 악과 폭력의
가능성이 부단히 분화하고
산개할 장소로서의 일상세계

아마 독자들 가운데는 이 글이 증오와 폭력의 악순환을 조장하려는 의도로 작성된 것이 아닐까, 의심하는 이가 있을지도 모르겠다. 그러나 존재론이란 오직 우리 자신의 존재에 근거를 두고 생성된 —그리고 이러한 점에서 우리의 경험의 절대적인 한계로서의— 현상을 통해서만 존재의 진실이 드러날 수 있다는 관점에서 출발하는 것임을 잊지 말아야 한다. 이 글은 다만 우리 자신의 존재가 존재론적으로 어떻게 규정되어야 하는지, 그리고 우리 자신의 존재에 근거를 두고 생성된 현상으로서의 존재의 진실이 어떠한 것일 수 있는지 그 극한에 이르기까지 추적할 목적으로 작성되었을 뿐이다.

세상에서 증오와 폭력의 악순환이 되풀이되는 것을 원하지 않는 자는 증오와 폭력의 악순환이 일어나도록 하는 존재론적 이유가 무엇인지 면밀하게 살펴야 한다. 아무리 참혹한 것이어도 존재의 진실을 직시하기를 거부하는 정신은 결코 삶을 보존하고 증진하는 데 이바지할 수 없다. 실은 그 반대이다. 진실을 직시할 수 없을 만큼 심약하고 비겁한 정신이야말로 세상에서 증오와 폭력의 악순환이 끝없이 되풀이되도록 하는 주요 원인 가운데 하나이기 때문이다.

서론에서 밝힌 바와 같이 현상학적 존재론의 창시자인 하이데거는 일상세계 및 일상적 존재자로서의 현존재의 규범성에 주의를 기울이지 않았다. 이것은 존재론적으로 결코 간과할 수 있는 문제가 아니다. 규범은 분명 선, 악, 정의, 의무 등 이런저런 가치의 이념들과 연관되어 있는 것이다. 아마 바로 이것이 하이데거로 하여금 일상세계의 규범성에 주의를 기울이지 않도록 한 이유 가운데 하나일 것이다. 잘 알려진 것처럼, 하이데거는 존재란 가치로 환원될 수 없는 것이라고 여겼다. 하이데거에 따르면, 고대 그리스로부터 오늘날에 이르기까지 유럽의 문명을 지배해 온 형이상학적 사유의 본질은 존재의 가치로의 환원이고, 형이상학적 사유가 본래적이고 근원적으로 폭력적일 수밖에 없는 이유도 바로 이것이다. 그러나 존재가 가치로 환원될 수 없는 것이라는 관점이 존재의 가치로의 환원을 가능하게 하는 그 존재론적 근거로서의 현존재의 존재에 대해 생각할 필요가 없다는 결론으로 이어질 수는 없다. 도리어 그 반대이다. 도구적 의미연관이 지배하는 일상세계 안의 존재자로서, 인간 현존재는 부단히 존재의 가치로의 환원을 수행하는 존재자일 수밖에 없기 때문이다.

하이데거가 일상성을 현존재의 근원적 존재방식의 하나로서 규정한 것 역시 실은 이러한 문제의식으로 인한 것이다. 그렇다면 하이데거의 존재론에 관해 우리가 제기해야 할 물음은 존재의 가치로의 환원을 가능하게 하는 존재론적 근거로서의 현존재의 존재에 대해 생각할 필요가 있는지의 여부가 아니라, 왜 하이데거는, 일상세계가 언제나 이미 규범화된 것으로서 규범에 의거한 존재의 가치로의 환원이 부단히 수행되도록 하는 곳임에도 불구하고, 규범의 문제에 주의를 기울이지 않았는가 하는 것이다. 필자는 서론에서 하이데거가 본래 자기 시대의 진실을 직시하기를 거부하는 위선자이자 겁쟁이였다고 지적한 바 있다. 이제 필자는 하이데거의 위선과 비겁의 본질이 무엇인지 조금 더 구체적으로 해명하고자 한다.

하이데거는 인간이란 순연한 증오와 폭력의 힘에 자신을 내맡길 수 있는 존재자라는 점이, 그리고 역설적이게도 바로 이러한 이유로 증오와 폭력의 대척점에 있는 사랑과 선, 정의 등의 관념에 악착같이 집착하는 존재자라는 점이, 매우 분명하게 드러난 시대를 살고 있었다. 존재를 가치로 환원하는 형이상학적 폭력의 한 가지 방식으로서 현존재의 규범화가 현존재에게 지니는 역설적 의미 역시 현존재란 증오와 사랑, 폭력과 평화 등의 상반된 감정들 및 이념들에 의해 갈기갈기 찢긴 정신으로서 존재하는 존재자라는 점으로부터 유래하는 것이다. 하이데거는, 나치즘에 동조하면서, 자기 시대의 문제를 결정적으로 해결하려면 폭력에 호소할 수밖에 없다는 점에 동의했던 것으로 보인다. 그러나 그는, 로트레아몽(의 말도로르)과 달리, 현존재가 순연한 증오와 폭력의 힘에 자신을 내맡길 수 있는 존재자라는 진실을, 이미 자기의 시대에 분명하게 드러났음에도 불구하고, 직시하기를 거부했다.

한 사람의 사상가로서 하이데거가 넘어서기를 원했던 것은 인간 현존재를 포함하는 모든 존재자로 하여금 어떤 유용한 목적을 위한 수단으로서, 부품으로서, 존재하도록 몰아세우는 계산적 사유의 폭력성이었다. 그러나 계산적 사유의 핵심은 바로 인간 현존재의 규범화이다. 도대체 일상세계를 지배하는 규범적 의미연관이란 선한 자로서 쓸모 있는 자와, 악한 자로서 쓸모없을 뿐만 아니라 해롭기까지 해서 마땅히 순화되거나 배제되어야 하는 자를 가르는 계산적 사유의 제도화된 기제 외에 달리 무엇일 수 있을까? 그런데 지금 폭압적으로 작용하는 정치적 이데올로기뿐 아니라 그 대척점에서 그것을 폭력적으로 극복하기를 원하는 정치적 이데올로기 역시 실은 선악의 관념에 입각해서 선한 자로서 쓸모 있는 자와 악한 자로서 쓸모없고 해로운 자를 가르는 데 열심일 수밖에 없다. 하이데거가 애써 외면했던 진실은 그가 계산적 사유의 표본들로 여긴 미국식 자본주의와 소비에트식 사회주의가 폭압적으로 —존재자로 하여금 부품으로 존재하도록 강압적으로 몰아세우는 방식으로— 작용하는 이데올로기라는 믿음이 그 이데올로기에 맞선 폭력적 투쟁의 이데올로기로서의 나치즘은 계산적 사유와 무관한 것이라는 믿음으로 이어질 수는 없다는 것이다. 사실 자본주의와 사회주의, 나치즘 내지 파시

즘 사이의 관계에 관한 정치적·경제적 문제는 매우 복잡하고 미묘한 것이어서, 삼자 사이의 관계를 단순히 서로에 대해 대립적인 관계로만 규정하기는 어렵다. 그러나 설령 그렇다는 것을 인정한다손 쳐도 나치즘이, 다른 모든 정치적 이데올로기와 마찬가지로, 특유의 방식으로 인간 현존재를 규범화하는 데 열심이었다는 점을 부정하기는 어렵다. 물론 언제나 이미 규범화된 현존재에게 일상세계란 —하이데거의 존재론적 해명과 달리— 죽음으로부터의 단순한 도피처 같은 것일 수 없다. 규범이란 본래 선한 자로서 쓸모 있는 자는 살아갈 권리를 획득하지만 악한 자로서 쓸모없거나 해로운 자는 살아갈 권리를 박탈당할 수 있다는 경고로서 작용하는 것이기 때문이다.

하이데거의 존재론이 반드시 통과해야 했으나 그렇게 하지 않은 말도로르적 사유의 늪은 대체 무엇인가? 그것은 자기 안에 절대선을 착종된 방식으로 보지하는 절대악에 관한 사유의 늪이다. 그 안에서 지극한 선은 지극한 악이 되고, 반대로 지극한 악은 지극한 선이 되며, 그럼으로써 존재의 근원적 의미는 성스러움과 사악함의 역동적 통일 속에서 드러난다. 본래 퇴행적임에도 불구하고, 말도로르의 사유는 존재론적으로 매우 탁월하다. 선한 자로서 쓸모 있는 자와 악한 자로서 쓸모없거나 해로운 자를 구분하도록 하는 기준으로 작용한다는 점에서, 실은 선의 이념 자체가 자기 안에 악을 착종된 방식으로 보지하는 것이라는 점이 바로 말도로르적 사유를 통해 분명하게 드러나기 때문이다.

물론 말도로르적 사유가 존재론적으로 흠결 없이 정당하기만 한 것이라고 여겨서는 안 된다. 나치즘과 유사하게도, 말도로르적 사유는 존재자로 하여금 부품으로서 존재하도록 몰아세우는 규범적 의미연관을 폭력적으로 넘어서고자 하는 결의로부터 비롯된 것이다. 나치즘의 폭력성과 마찬가지로, 말도로르적 사유의 폭력성 역시 존재자로 하여금 부품으로서 존재하도록 몰아세우는 규범적 의미연관을 해체하는 방향으로만 작용하지 않는다. 거칠게 말하자면, 규범적 사유에 대한 저항으로서의 반反-규범적 사유란 규범적 사유와 반대의 방향으로 작용하는 일종의 계산적 사유일 뿐이다. 왜 말도로르(의 돼지)는 자기 종족의 절멸을 위한 투쟁을 결심하게 되었는가? 자기의 종족 전부가 일상세계를 지배하는 규범적 의미연관의 지배를 받고 있다는 생각, 그리고 바로 그 때문에, 절대악을 향한 지향성 속에서 자신과 공동 현존재 사이의 관계를 양의적인 것으로부터 일의적인 것으로 전환하고자 하는 말도로르의 관점에서 보면, 쓸모없고 해로운 것으로서 제거되어야 한다는 생각 때문이다.

앞에서 본 것처럼, 말도로르는 매음인 여자가 영원한 정의에 의해 창조되었다면, 설령 그녀의 존재가 긍정할 만한 것이 아니라고 할지라도, 그 책임을 그녀에게 물어서는 안 된다고 본다. 논리적으로 이 말의 의미는 부정할 만한 것으로서 통용되는 존재자의 존재란 —창조주로서의 신이 대변하는— 영원한 정의의 관념을 자가당착적인 것으로 만든다는 것에 있다. 악한 존재자의 존재에 대한 책임은 응당 그 창조자에게 있어야 한다. 그런데 매음인 여자는 자신의 창조자가 아니다. 따라서 매음인 여자의 악은 —자가당착적이라는 점에서 보면 실재할 리 없는— 소위 영원한 정의의 담지자인 신에게 그 책임이 있다.

그렇다면 말도로르는 정의를 추구하는 자인가? 말도로르는 분명 매음인 여자에게 자기 존재에 대한 책임을 돌리는 것을 부당한 일이라 여기고 분개하지 않는가? 하지만 영원한 정의의 관념을 부정하는 자에게 정의의 이름으로 그 무엇을 위해 분개할 권리 같은 것은 있을 수 없다. 일상세계에서 희생자로 통하는 매음인 여자가 자기의 창조자가 아니듯이, 일상세계에서 매음인 여자를 희생양으로 삼아 살아가는 이런저런 현존재 역시 자기의 창조자가 아니다. 그렇다면 일상세계에서 삶을 꾸려 가는 규범적 현존재를 향해 품을 수 있는 정당한 적의와 분노 역시 있을 수 없다. 그 이유는 간단하다. 정의를 부정하는 자는 아무것도 정당화할 권리를 지닐 수 없는 것이다. 말도로르의 분노와 슬픔, 증오는 모두 규범적 일상성에 의해 부정되고 무화되어 마땅한 것으로서 규정될 자신의 존재에 대한 일종의 자가당착적 연민과 정당화의 결과이다.

왜 그러한가? 말도로르 자신이 그가 자신의 첫사랑이라고 부른 상어와 마찬가지로 순연하게 자연적인 잔혹성의 화신이기 때문이다. 첫 번째 노래의 제6장에서 말도로르는 다음과 같이 노래한다.

> "보름 동안 손톱이 자라도록 두어야 한다. 오! 아직 윗입술 위에 아무것도 나지 않은 아이를, 그의 침대에서 거칠게 끌어내어, 그의 아름다운 머리털을 뒤로 쏠어주면서, 눈을 아주 크게 뜨고, 그의 이마 위로 사랑스럽게 손을 내미는 체하는 것은 얼마나 감미로운가! 그리고 나서 갑자기, 그가 가장 예기치 않은 순간에, 만약 그가 죽는다면, 후에 그의 비참한 양상을 보지 못할 테니까, 그가 죽지는 않도록 하면서, 긴 손톱을 그의 부드러운 가슴 속으로 박는 것은 너무도 감미롭다! 그다음에, 상처를 핥으면서 피를 마신다."[34]

무구한 어린아이에게 이처럼 잔혹할 수 있는 자는 물론 자신의 존재를 부정하고 무화하려는 시도에 대해 부당하다 말할 자격을 지니지 못한다. 그런 점에서 말도로르의 분노와 증오, 적개심 등은 모두 일종의 편 가르기 정신의 소산일 뿐

---

34   로트레아몽(2020), 13 이하.

이다. 말도로르가 위하는 자는 자기처럼 일상세계에서 부정
당하고 무화당할 위기에 처한 자이다. 따라서 소위 불행한 자
를 향한 말도로르의 연민은 일종의 자기연민일 뿐이다. 악의
화신으로서 말도로르의 본질은 그가 자기연민에 눈뜬 어린아
이의 정신이라는 점에서 발견된다. 말도로르는 어린아이처럼
무구하다. 다만 그는 자신의 잔혹한 천성으로 인해 자신이 세
상과 화해할 수 없는 운명을 타고났음을 알고 있다. 바로 그
때문에 그는 분노하는 것이며, 슬퍼하는 것이고, 자신의 잔혹
성은 자신의 창조자가 아닌 자신에게 그 책임을 물을 수 있는
것이 아니라고 항변하는 것이다. 즉, 악의 화신으로서 말도로
르는 자유를 지향하는 자가 아니라 자유의 부정을 지향하는
자이다. 오직 스스로 자기의 존재에 대한 책임을 떠맡는 자만
이 자유로울 수 있기 때문이다.[35]

---

[35] 말도로르가 자유의 부정을 지향하는 자라는 이 글의 진술은 말도로르에 대
한 단순한 윤리적 비판으로 오인되어서는 안 된다. 그것은 도리어 인간의 자
유에 대한 긍정이 인간에 대한 규범적 심판의 근거라는 바로 그러한 이유로
철저하게 부정되어야 한다는 일종의 존재론적 문제의식의 발로로 파악되어
야 한다. 요컨대 말도로르는 자유에 대한 전통적 관념이 특정한 유형의 인간
을 그 존재 자체에서부터 부정할 근거로 작용한다는 점에서, 사르트르의 어
법을 차용하자면, 실존의 근원적 부조리를 부정하고, 실존에 근원적 이유를
부가함으로써, 도리어 온전한 의미의 자유를 무화할 형이상학적 정신의 산
물임을 드러낸다. 바로 이러한 이유로 말도로르의 편 가르기 정신은 실존론
적 자유를 긍정할 가능성의 발현으로 평가될 수 있다. 이에 대해서는 별개의
논문을 통해 추후에 상세히 논의할 예정이다. 아마 말도로르에 대한 이 글
의 존재론적 해석에 조금이나마 잇닿아 있는 것은 줄리아 크리스테바의 『시
적 언어의 혁명』에서 찾을 수 있을 것이다. 크리스테바의 해석은 통념적 의
미의 자유와 선을 부정하고 무화하는 말도로르의 정신을 인간이 처한 실천

그런데 실은 바로 이 지점에서 규범적이고 일상적인 자기를 자기-아님으로서 부정하는 현존재의 존재의 참혹한 역설과 모순이 가장 극명하게 드러난다. 절대악의 이념은 규범적이고 일상적인 자기를 자기-아님으로서 부정하는 본래적 현재로서의 순간이 공동 현존재와의 양의적 함께-있음을 절대악을 향한 지향성 가운데 일의적 함께-있음으로 바꾸려는 현존재의 결의로 이어질 때 현실화되는 것이 아니다. 도리어 그것은 절대선을 향한 지향성을 필요로 한다. 현존재는 절대선을 향한 자신의 지향성을 통해 일상세계를 거룩하고 성스러운 세계로서 온전케 할 그 가능 근거로서의 현존재의 존재가 드러나도록 한다. 실은 이러한 가능 근거로서의 현존재의 존재야말로 절대악의 이념이 가장 순수하고 온전하게 드러나도록 하는 그 시원적 근거이다. 왜 그러한가? 일상세계를 거룩하고 성스러운 세계로서 온전케 하려면 아직 거룩하거나 성스럽지 않은 모든 것이 그 존재 자체에서부터 부정되어야 하기 때문이다. 여기서 '그 존재 자체에서부터 부정됨'이란 절멸당함으로써 소멸하게 됨의 뜻이 아니라 절멸당해 마땅한 것으로서 그 성격이 규정됨의 뜻이다.[36]

적 상황에 대한 말도로르 특유의 이해로부터 연원하는 것으로 파악할 뿐, 섣불리 윤리적 해석이나 정치적 해석, 신학적 해석 등을 취하지 않는다는 점에서 탁월하다. 크리스테바의 말도로르 해석에 대해서는 특히 다음 참조. Kristeva(1974), 189 이하.

36 현존재의 근원적 존재방식인 일상성이 규범성과 무관할 수 없다는 점에 대

앞에서 살펴본 것처럼, 절대악을 향한 현존재의 결의는 그러한 결의 자체의 모순과 자가당착을 드러낼 뿐이다. 그러나 절대선을 향한 현존재의 결의는, 자신과 현존재 모두의 존재에 대해 '~해야 마땅함', '마땅히 ~해야 함' 등 당위성의 형태로 부과되는 자기부정에의 의무를 부과함으로써, 현존재의 존재를 그 존재 자체에서부터 부정되고 무화되어 마땅한 것으로 이해하게 할 그 근거가 된다. 간단히 말해, 결국 절대선의 이념으로 인해 현존재의 존재는, 현존재 자신의 자발적 결의에 의한 것이든 신과도 같은 어떤 절대자의 섭리에 의한 것이든, 부정되고 무화될 것으로서 그 성격이 규정되고, 그럼으

해 성찰하지 않음으로써 하이데거는 —인간과 신, 세상의 속됨과 천상의 성스러움이라는 전통 신학적 도식과 유사하게— 현존재의 비본래성과 본래성 사이의 관계를 일상성과 성스러움 사이의 이원적 관계로 성찰할 근거를 마련한다. 예컨대 전회 이후의 하이데거가 성스러움에 대해 논하는 것은 장 뤽 마리옹이, 종교적 관점에서 현상학과 해석학, 존재론 등을 파악하는 다른 많은 사상가들과 마찬가지로, 신앙주의적으로 내 체험의 지평을 초과하는 것에 대한 나의 수동적 수용을 회심의 가능성으로 규정하는 것과 같으며, 이는 현존재의 실존론적 구조형식에 대한 동일한 이해에서 출발하는 것으로 간주될 수 있다. Marion(2002), 42 이하 참조. 세상에 속한 자의 속됨과 존재의 근원적 초월성에 눈뜬 자의 성스러움을 모두, 한편으로는 일상적 존재자로서 삶을 살아가면서, 다른 한편으로는 바로 그러한 이유로 일상성의 한계를 초월하는 존재의 근원적 의미를 성스러움으로서 받아들일 수 있는, 인간 현존재의 존재의 구조형식에 근거를 둔 것으로 이해함이 그것이다. 그러나 존재의 근원적 초월성과 성스러움에 대한 존재론적 사유는 바로 성스러움의 이념 자체가 일상세계 안에서 증오와 분노, 절대악의 이념의 가능 근거로서 작용할 수 있다는 점에 대한 철저한 성찰과 분석을 통해서만 온당해질 수 있다. 물론 이 말은 성스러움의 이념을 단순한 악의 이념과 같은 것으로 파악할 수 있다는 것을 뜻할 수 없다. 중요한 것은 악의 이념의 단순한 상관자로서의 성스러움의 한계를 넘어선 성스러움을 드러내고 해명할 수 있는지 존재론적으로 철저하게 사유하는 것이다.

로써 현존재 모두를 절멸하거나 현존재 모두에게 영원한 지옥의 고통을 안겨 주는 것을 도덕적으로 정당화하는 결과로 이어지게 되는 것이다. 아마 누군가는 일상세계의 근원적 규범성의 바탕에 인류 모두를 향한 심오한 사랑의 정신이 깔려 있다고 여길 것이다. 원한다면 그렇게 믿어도 좋다. 과연 인류의 역사를 돌아보면 인류 모두를 향한 심오한 사랑의 정신을 지닌 성현들이 분명 존재한 것으로 보이며, 일상세계의 도덕역시 그러한 성현의 정신에 의해 다소간 영향을 받으며 형성되어 왔다는 것 또한 부정하기 어렵다. 그러나 일상세계는 현존재와 공동 현존재가 우호성과 적대성의 양의적 함께-있음의 관계를 맺는 자리이다. 일상세계에서 규범은 공동 현존재와 우호적 함께-있음의 가능성을 증진시키고자 하는 결의의 가능 근거이기도 하고, 적대적 함께-있음의 가능성을 세련되고 교묘한 방식으로 증진시키고자 하는 결의의 가능 근거이기도 하다. 규범의 당위성은 규범에 의해 마땅한 것으로서 규정된 현존재로서의 존재 성격에 상응하지 않는 모든 현존재의 존재를 부정하고 무화하고자 하는 결의의 표현이다. 한마디로, 지옥의 관념은 악을 지향하는 자에 의해서가 아니라 실은 선을 지향하는 자에 의해 생겨나는 법이다. 지옥이란 본래악인의 영혼을 향한 복수심이 그 뜻을 실현하는 곳으로서 상상된 것이기 때문이다.

일상세계가 근원적으로 규범적인 한에서, 그리고 일상세

252

계의 규범성이 현존재가 공동 현존재와 양의적으로 함께-있음을 드러내는 한에서, 본래적 현재로서의 순간이란 현존재가 자신의 존재를 근원적으로 무-규범적인 것으로서, 공동 현존재와의 관계를 양의적 함께-있음의 관계가 아니라 일의적 함께-있음의 관계로서 되찾으려는 결의의 순간 외에 다른 아무것도 아니다. 현존재의 결의는 절대악을 향한 지향성으로 이어질 수도 있고, 절대선을 향한 지향성으로 이어질 수도 있다. 그러나 어떤 경우든, 본래성을 향한 현존재의 결의가 구체적 일상세계의 본래적으로 열린 상황을 가능하게 하는 것인 한에서, 공동 현존재와의 함께-있음에서 잠재적 악과 폭력의 가능성이 부단히 분화하고 산개하는 결과로 이어지기 마련이다. 그 이유는 자신의 존재가 세계와 근원적으로 무-연관적이라는 자각으로부터 생겨나는 본래성에의 결의가 현존재의 존재를 자가당착 속으로 부단히 밀어 넣는 그 존재론적 근거이기도 하기 때문이다.

참고문헌

로트레아몽(2020). 『말도로르의 노래』. 윤인선(옮김). 달섬.

매슬로, A. H.(2017). 『존재의 심리학』. 정태연·노현정(옮김). 문예출판사.

하이데거, M.(2010). 『니체 I』. 박찬국(옮김). 도서출판 길.

한상연(2018). 『공감의 존재론』. 세창출판사.

_____.(2019). 『문학과 살/몸 존재론』. 세창출판사.

_____.(2020). 『그림으로 보는 니체』. 세창출판사.

_____.(2021). 『시간과 윤리』. 서광사.

Aquinas, T.(2014). *The Summa Theologica: Complete Edition*. the fathers of the english dominican province(Trans.). New York: Catholic Way Publishing.

Blanchot, M.(2016). *Lautréamont et Sade*. Paris: Editions de Minuit.

Heidegger, M.(1993). *Sein und Zeit*. Tübingen: Max Niemeyer Verlag.

_____.(1996). *Nietzsche I*. Frankfurt a. M.: Günther Neske.

Kristeva, J.(1974). *La révolution du langage poétique*. Paris: Editions de Seuil.

Marion, J.-L.(2002). *Dieu sans l'être*. Paris: Presses Universitaire de France.

Maslow, A. H.(2013). *Toward a Psychology of Being*. New York: Start Publishing LLC.

Nietzsche, F.(1999). *Also Sprach Zarathustra I-IV (KSA Bd. 4)*. München· Berlin·New York: Deutscher Taschenbuch Verlag·De Gruyter.

Sartre, J.-P.(1998). *L'Être et le Néant. Essai d'ontologie phénoménologique*.

Paris: Editions Gallimard.

Scheler, M.(1923). *Wesen und Formen der Sympatie*. Bonn 1923: Verlag von Friedrich Cohen.

Spinoza, B.(2017). *Ethics*. W. H. White(Trans.). New York: Penguin Classics.